刑務所ごはん

汪楠、ほんにかえるプロジェクト 著

K&B
PUBLISHERS

はじめに

「出所後はパン屋をはじめたいから業務用のカタログを送ってください」

そんなことを言ってくる受刑者は、実は意外と少なくありません。

私たち「ほんにかえるプロジェクト」は、受刑者の更生を支援することを目的としたボランティア団体です。テレビドキュメンタリー「ザ・ノンフィクション」等でご存知の方も多いと思いますが、中国残留孤児2世の汪楠《わんなん》が13年の受刑生活を経て、出所後の2015年に設立しました。会員は、全国約30カ所の刑務所にいる200名ほどの受刑者たち。獄中からのリクエストに応じて本を送ったり、文通をしたり、主にそのような活動を通じて受刑者を孤立させないようにしています。手紙を交わしていくうちに信頼関係が芽生え、日ごろの悩みや身の上話を書いてくるようになる受刑者は少なくありません。そんなやりとりから見えてくるのは、多くの受刑者が更生したいと思っていること。またそのことにまつわる不安や迷いです。

国内には60以上の刑務所があります。そのすべてを網羅した受刑者はさすがにいないはずですが、複数の刑務所を渡り歩く受刑者が少なくないのが悲しい現実です。令和5年（2023年）版「犯罪白書」には、約48％という高い再犯者率が示されており、更生の難しさを物語っています〔註1〕。

ご想像どおり、刑務所の中は自由とはかけ離れた世界です。そんな環境に身を置く受刑者にとっての数少ない楽しみのひとつが〝食事（給食）〟です。刑務所内での食について書かれた手紙がたくさん届きます。本書では当プロジェクトならではのネットワークを活かし、有志の会員に対して刑務所内の食事に関する取材を書面でおこない、その結果をレシピ集として、できるだけ受刑者たちの証言どおりにまとめています。

味のみならず量の面でも「物足りない」と感じている受刑者が多くいることは想像に難くありませんが、物価高騰や不景気、さらにはコロナ禍の影響などで、状況はますます厳しさを増しているというのが受刑者たちの実感です。「犯罪白書」によれば、「受刑者一人一日当たりの食費（予算額）は543・21円（主食費97・09円、副食費446・12円）」とされています〔註2〕。10年前の2013年と比較して10・38円、2％ほどの増額となっていますが、同期間における食料品の価格上昇は20％を超えるという統計結果もあることを考えれば、ただでさえ寂しいことの多いおかずや祝日にのみ許される菓子類が「小さくなった」、「種類が減った」と嘆く受刑者たちの声も痛切です。特に長期受刑者の多い施設では高齢化を理由にした減塩化が進むなど、苛酷な現実があるようです。

「人は、食べたものでできている」という諺があります。食は、体にとって欠かせないものであると同時に、私たちの心を支える喜びの源泉でもあるのですから、食に対する受刑者たちの思いも、ささやかながら切実なのです。

ほんにかえるプロジェクト

〔註1〕「令和5年版 犯罪白書」第5編／第1章／1（法務省）：「再犯者率は、平成9年以降上昇傾向にあったが、令和4年は47・9％（前年比0・7pt低下）であった」

〔註2〕同・第2編／第4章／第4節／2

目次

夕食

パン食

ハレの日

受刑者からの手紙

序

朝・昼・晩の流れ

たとえば、処遇指標〝LB（刑期が10年以上の、犯罪傾向が進んでいる男性）〟を収容する宮城刑務所での朝食であれば、午前6時50分に起床、点検ののち、7時10分に配られる。

麦飯と味噌汁に、わずかばかりの副菜が二品つく。漬物類、佃煮の缶詰、ふりかけといった既製品が中心だ。納豆、ねり梅、ピーナッツみそ、菜物のおひたし、厚焼き玉子なども献立に見られるが、〝きな粉〟が副菜の一品として登場することが多いのに驚く。宮城で20年を過ごしたという元受刑者によれば「大さじ山盛りほどのきな粉に砂糖を混ぜたもの」だそうだ。これを米7：麦3で炊いた麦飯にまぶして食べる。服役したことのある者にとっては馴染み深い味だろう、と彼は言う。

彼は、と書いたが、もちろん受刑者は男性ばかりではない。ただ、男性が圧倒的多数なのは事実だ。「ほんにかえるプロジェクト」の200名ほどの会員の大半が長期受刑者だが、そのうち女性会員は現在4名しかいない。

忙《せわ》しなく朝食を終え、平日であれば出房して刑務作業の工場へと移動する。作業開始は7時50分だ（※これは夏季処遇であり、冬場は全体的に時間が若干早まる）。ただし、刑務所の食事を用意する炊事工場の受刑者は早朝4時過ぎには起床し、朝食の支度に取りかかるという。わずかな人数で、数百名から千名ほどの受刑者の食事を整えるのだから力のいる大仕事だ。時間までに全受刑者の配食を間違いなく終えてしまわなければならない。熱を使う調理場の夏場の暑さは苛酷を極め、冬場の早朝は凍てつく寒さだ。「炊場《すいじょう》に回されるのは、若くて真面目な受刑者であることが多い」と前出の男性は語る。

12時の昼食はそれぞれの工場に配られる。パンや麺類が出されることもあり、副菜のバリエーションも豊富で、ボリュームも充実している。昼食が一番の楽しみという受刑者は多い。

昼食後の短い休憩ののち12時半には刑務作業が再開する。14時半から10分の休憩をはさみ、作業終了は16時半だ。

まだ日の残る16時50分に夕食となるが、それからの夜は長く、空腹に襲われる。食料を隠し持つことは許されていない。もし見つかれば懲罰の対象となってしまう。

懲役を終えて外の社会に出たなら食べたいものがたくさんある。長期の受刑者には特にそのような思いが強まる。

無期懲役に服して25年目を迎えた受刑者は、「私がここに来た当時は今よりも断然〝味が濃くて〟美味しかった！」と言って在りし日を懐かしむ。今と比べれば味付けもしっかりとしていて量も多く、料理のバリエーションも豊富で、満足感が味わえた。しかし、今日ではそのようなことも減ってしまった。食中毒などが起きるたびに規制が加わり、かれこれ10年くらい生の野菜や果物は食べた記憶がないと嘆く声もある。

刑務所と食事　――2024年現在における受刑者たちの肉声――

「ここに来た当時は今よりも断然〝味が濃くて〟美味しかった！　そして〝量も断然多く〟お腹もいっぱいになれたし、料理のｖａｒｉａｔｉｏｎもとっても豊富で私的にはカナリ満足のゆくものだった！　それに肉もカナリ肉々しい状態だった！」

「フルーツ類がまったく出ません。以前はオレンジやバナナ、キウイ、みかん、パイナップル等、月に何回かは出ていたのですが、去年は一度も出ませんでした」

「そういえばもう10年くらい生の果物を食べてないなぁ（缶詰ばっかり。お正月のみかんは別として）」

「以前はハンバーグや牛丼などレトルト物がよく出ていたのですが、最近は月1回だけ、誕生会の時に限られています。レトルトの方がおいしいのですが」

「私が入所した当時は、うどんや蕎麦にも味がついていました。今では、コロッケのソースもなくなりました。冷めてバサバサのコロッケにソースがつかないほど食べづらいものはありません」

「どこの施設でも食事に関するアンケートが実施されると思いますが、ここではアンケートで人気上位になると献立から消えます。たぶん、人気なものは材料費が高かったり手が込んでいたりしてコスパが悪いので、どうしても回数は減る傾向なのかなと」

「数年前からは〝カップ麺〟が年1回（大晦日の夕食の年越しそばのみ）だけになり、私達の楽しみはどんどん無くなってしまっている」

「去年までは、夏季に〝冷やしラーメン〟と〝冷やし中華〟が一度ずつ給与されていましたが、今年はそれが出ませんでした」（※2023年のコメント）

「私の務める宮城刑務所は（正月の）〝おせち〟もお菓子も出ましたが、刑務所によっては〝おせち〟が出ないとプリズンライターズにて知り、ビックリしました」

「醤油がほとんど出ません。年に2回くらい、冷奴のときだけ駅弁に入っているような小さな袋の醤油が出るだけなのです。納豆にも焼魚にも醤油がないのはどうなのでしょう」

「食事は全体に味が薄いです。体のためということですが、それにしてもほとんど味付けがされていない物もあるので、味の濃い物が人気です」

「小生がここに来た時といまでは食材の値上がり等の理由からか、全くと言っていいくらい食事は変わってしまいました」

「私は当所に25年以上居るのですが、主食・副食の量がとても少なくなってきました。揚げ物も数が減って、小さくなってきています（予算の関係でしょう）」

「今年は15年振りに〝カレー〟と〝とんかつ〟が同時に出て、やっぱりとんかつをカレーに浸して食べると旨いと実感」

「何から何まで物価高になっているので、食材の仕入も大変だとは思いますが……」

※受刑者の声は、レシピページの欄外などでも紹介していく（すべて匿名）。

本書について

本書は、「ほんにかえるプロジェクト」のネットワークだからこそ実現した受刑者たちへの「刑務所内の食事(給食)」に関するアンケート結果を中心に、獄中における食環境の実情を、できる限り忠実に、その肉声とともに伝えることを趣旨としています。

アンケートは2023年の秋、そして2024年の春、全国各地の刑務所に服役中の当プロジェクトの会員有志を対象に、二度に分けておこないました。

受刑者たちが日ごろ楽しみにしている献立や、刑務所ならではの食事にまつわるエピソード、そして日々の食事に対する想いや意見、祝祭日に特別に供されるお菓子のことなど、数多くの返答がありました。

また、当プロジェクトが主催している「プリズンライターズ」に寄せられる投稿にも食事を含む刑務所内の日常や、受刑者として過ごす日々の胸中が綴られていることから、その内容についても引用や抜粋のかたちで、できるだけ紹介していきたいと思います。

「炊場」と呼ばれる炊事工場の調理環境の再現や、そこで使われている食材をそのまま揃えるのは極めて困難であることから、本書はあくまでも受刑者たちの証言を参考にした再現レシピ集であることを、あらかじめご了承ください。

植物にしても動物にしても人間と同じ生物であり命である。その命を、刑務所に無期刑で服役するような事件を起こした、ろくでなしの自分を生かすために食べ物になってくれている事実に気付いた時、夕食の食事中だったのだが、申し訳ない気持ちと心からの感謝の気持ちが込み上げ、いい歳したおっさんが、嗚咽するほどに泣けてきて、少しおさまるまで食事が続けられなかった程であった。

〈大分刑務所・無期〉

朝食

刑務所の食事は誰が作る？

「刑務所の食事」を作るのは炊事工場で働く受刑者たちだ。料理のプロではなく、むしろ不慣れな素人の手によって、数百人から千人以上の胃袋に収まる膨大な量の食事が毎日3度、欠かすことなく用意されている。

ただし、その献立を考え、調理工程を組み立てているのは専門の管理栄養士だ。総カロリー量や栄養バランスの計算も管理栄養士が責任をもっておこなっている。予算や食材ばかりでなく、調理機器や調理方法にも大きな制約が課されている環境で、調理経験に乏しい素人でも大量に作ることのできるメニューを考案するというのは、想像するだけで気の遠くなるような仕事だ。

日中の調理では、ときに栄養士の指導が入ることもあるようだ。しかし早朝4時台に起床して作業を開始し、遅くとも7時頃には配食を終えてしまわなければならない朝食の準備は、炊場の受刑者たちに委ねられている。味噌汁を除く副菜は、ほぼすべて既製の加工食品やふりかけ類などの組み合わせとなっているようだが、それも無理からぬことだろう。納豆や漬物類も朝食の定番だ。

写真は、受刑者たちから寄せられた手紙や献立表にもとづき再現した、ある日の朝食のイメージだ。味噌汁には一種類ないし二種類の具材が使われるが、これは施設によって方針が異なるようだ。ただし、少量の味噌を湯で溶いた程度の薄味という点だけは、多くの施設で変わらない。

朝飯のおかずで炊場で調理するものはありません。きな粉だけ、調理と言えるかわかりませんが、砂糖・塩を混ぜる作業をしています。漬物類や○○の佃煮のように、1人分ずつ小分けにされていないものは炊場で「各フロアの人員×1人の量」を分けて用意します。ちなみに、私が好きな朝飯は納豆です。納豆一番です（笑）。
〈仙台矯正管区・某所〉

うめびしお
24.07.15+C

麦飯と味噌汁で腹を満たし、今日も刑務所の一日がはじまる。

刑務所の朝食は簡素だ。麦飯と薄い味噌汁、そしてわずかばかりの副菜二品という内容が基本形といえる。これが受刑者が従事する刑務作業の支えとなる。

米7：麦3の割合で炊かれた「麦《ばく》しゃり」とも呼ばれる麦飯が朝昼晩の主食で、これは全国の刑務所で共通している。「米といっても保存期間が過ぎた備蓄米の、さらに古くなったような米ですよ」と、四国と東北の2カ所の刑務所で計20年以上の服役を終えた元受刑者は苦笑する。

「味噌汁はとにかく薄い」とその元受刑者は言うが、とはいえ各地の献立を見るかぎり、具材はバリエーションに富んでいる。管理栄養士が心を砕いた結果だろう。チンゲン菜や小松菜といった菜物、キャベツや白菜、長ねぎ、玉ねぎ、ニラ、もやし、油揚げ、高野豆腐、わかめ、麩、カボチャ、インゲン、大根葉、揚げ玉など、たいてい二種類の具材が組み合わされ、単調に陥らないように工夫が凝らされている。

副菜の二品は既製品を小分けにした物であることが多いようだ。鰹や鰯、鮪、秋刀魚といった魚類のフレークや味付の缶詰が目立ち、そこに海苔や昆布の佃煮、えびみそやねり梅、のり玉・鮭・鰹・たらこ等のふりかけ、野沢菜やキュウリや大根の漬物、納豆、ピーナッツみそ、なめ茸、きんぴらごぼうや菜物のおひたしなどが小さく盛られる。朝食の定番ともいえる卵はどうやら食中毒を避けるために生で出されることはなく、既製品の〝厚焼き玉子〟はさておき〝クリーンエッグ〟や〝たまご風味ソース〟といった耳慣れない製品が供されている。

特筆すべきは〝きな粉〟だろう。これは大さじ山盛り1杯ほどのきな粉に軽く砂糖を混ぜたものだそうだが、受刑者にとって忘れられない味のひとつということのようだ。麦飯にまぶして食べたのち、残りを味噌汁に加えたりすることもあるという。貴重なタンパク源であるため、無駄にはできない。「水を足してペースト状にする者、お茶に入れて飲む者、飯を一生懸命スプーンでつぶし餅状にしておはぎを作る者とさまざま」だ。スプーンはプラスチック製である。

副菜はそれぞれ、刑務所の食事を知らない私たちが想像する量の、よくて半分程度ではないかということだ。それでたっぷりと分量のある麦飯をかき込む。

朝昼晩、総じて言えることのようだが、作られてから支給されるまでそれなりの時間が経過しているため、湯気の立つような味噌汁ではない。

それでも、「最も美味しく感じられるのが朝食です。そう感じている懲役は多いと思います」といった声もある。

味噌汁

ねぎ　そのほか、白菜、玉ねぎ、ニラ、もやし、小松菜などの野菜が季節に合わせて味噌汁の具材になる。

チンゲン菜　具材は二種類を組み合わせる刑務所が多いが、シンプルに一種類のみの施設も少なくない。

わかめ　ナトリウム、マグネシウムなどミネラル分を多く含むわかめは、刑務所内でも味噌汁具材の定番だ。

大根　大根は実のほか、葉が具材として使われることもある。栄養価が高い葉も余さず使う栄養士の工夫だろう。

朝、炊場で調理して、10kgくらい入る保温器に各フロアの人員で分けて用意します。お味噌と減塩ダシの素（1箱に500gほどの袋が2コ入っている粉のやつ）をお湯で溶かして2品具材が入ります。家庭でイメージされる量の味噌もダシも入っていませんので、薄いです。健康志向の減塩と予算の問題なのかな。
〈宮城刑務所〉

キャベツと油揚げ　油揚げ、豆腐、高野豆腐など、大豆タンパク質食材と野菜との組み合わせも多い。

高野豆腐とナス　高野豆腐はカルシウム、鉄、ビタミンEなどを含み栄養価が高い。乾物は多用されるようだ。

麩とインゲン　麩もよく使われる。乾物で扱いやすい上、小麦タンパクが豊富でボリュームがある。

揚げ玉とねぎ　碗に入る揚げ玉の数は多くはないだろうが、ごはんにのせるのが楽しみという声もある。

朝に出される味噌汁の味噌や具も少なく…… えっ！ これが味噌汁――お湯に少し色の付いたミソスープか？ 今の現状です。
〈某施設〉

おかず〔朝〕

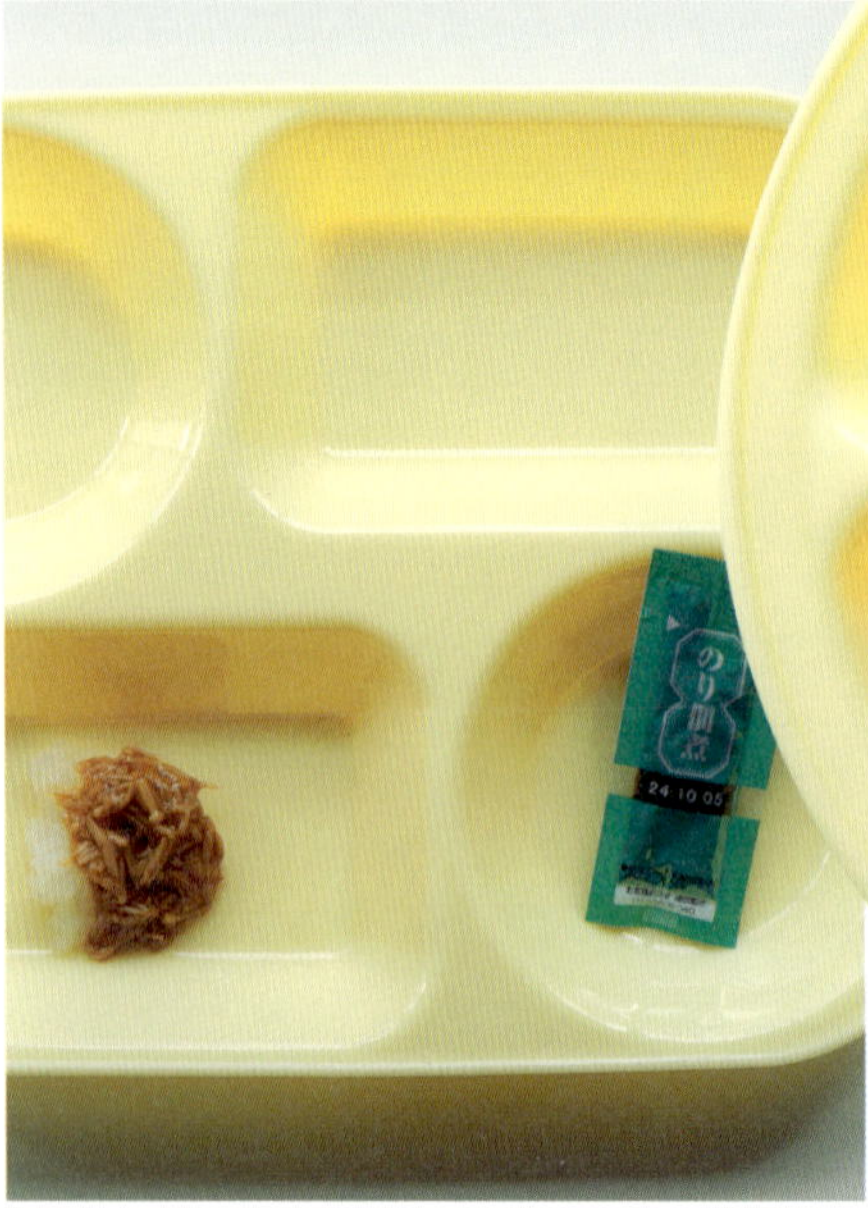

なめたけおろし、のり佃煮　麦飯が進む組み合わせ。スティック状の小分けパックが多用されている。

たまご風味ソース、鶏そぼろ　生卵が出せない刑務所でも卵かけごはんの風味が楽しめる。一緒にのせると親子丼風に。

わさび風味ふりかけ、畑のビーフ佃煮　大豆ミートの「畑のビーフ」は、昼食・夕食にも食材として使われる。

高菜漬け、ピーナッツみそ　甘いみそと香ばしいピーナッツが後を引く美味しさ。朝食でも人気の一品だ。

朝は「納豆」と「魚缶」のくり返しです。たまに「とりそぼろ」や「大和煮」がでます。セットで「のり」「佃煮」「きなこ」「たいみそ」「ふりかけ」が定番です。外の人はきなこをどうするのかと思うかもしれませんが、ご飯にかけるのです（私はいけます）。
〈千葉刑務所〉

納豆、野沢菜漬け　「社会」の味と変わらない納豆は、朝食のおかずのなかでも特に人気があるようだ。

厚焼き玉子、たいみそ　朝は味噌汁以外は調理しないため、厚焼き玉子も既製品。たいみそは袋入りが供される。

味付のり、サンマ蒲焼風　魚の加工品は朝食おかずのスタンダード。蒲焼風のような形のしっかりしたものも出る。

かつお味付フレーク、しば漬け　魚缶は均等に分けやすいよう、つぶされていることもあるという。

現在は物価高騰と減塩対策（という名の節約）で、年々、質、味、量が落ちてきてます。私が千葉刑務所に移送されて来た時は、良すぎて感動をしたくらいです。千葉は他施設に比べるととても良いと評判だったそうです。社会では普通の事ですが納豆にネギが付いてる、焼き魚にも同様でした。〔略〕それが今となってはねぎも大根おろしも付かなくなり、しょう油もほとんど付かなくなりました。

〈千葉刑務所〉

きな粉

おもしろいのがアレンジめしやかけ合わせグルメです。社会の人が見聞きしたら気持ち悪がられるのなんて沢山ありますよ。例えば大好物の「納豆 x きなこめし」これは納豆にきなこをまぜてごはんにのせてたべるもので、スーパー駄菓子めしです。どこまでもノスタルジーで、どこまでも甘い、背徳的旨さです。

〈宮城刑務所〉

ごはん

朝食で欠かせないのが「きな粉」。砂糖でほの甘く味付けされたきな粉は、刑務所ならではの人気おかずだ。麦飯にかけて食べるほか、納豆と一緒に出た日には、納豆と合わせると香ばしさが際立つ。

餅

きな粉のせ麦飯を押して餅状に固めて食べる受刑者もいる。スプーンやレンゲで麦飯をもちもちになるまで固めるのはかなりの手間だが、餅が供されることが少ない刑務所では手作りきな粉餅の美味しさは格別だ。

パンにも

刑務所によっては、パン食の日にきな粉が出ることもあるという。マーガリンと混ぜ合わせてペースト状にしてパンに塗ればごちそうだ。マーガリンがなければ、水と混ぜてペースト状にすることもあるという。

朝食にきなこが出るのですが、私はごはんにまぜてからレンゲの裏に水をつけながら、ごはんをつぶして餅にしてたべてます。水たっぷりつけて何度もペタｘ２つぶすと、立派なきなこもちです♬ 餅好きの人にはおすすめです。只、少々面倒です。しかし手間を加味しても十分プラスなおいしさと、もっちもっち食感に、朝から口福になることは約束します。　〈宮城刑務所〉

コラム❶　昔は良かった？

再犯者率が50％に迫る昨今、複数の刑務所の味を知っている受刑者が少なからずいることは想像に難くないだろう。

かつて過ごした施設の食事を回想するコメントもかなり届いた。

ひと昔前の千葉刑の食事は「感動したくらい」美味しく、「他施設に比べるととても良いと評判だった」そうだ。そのほかにも、「大分は初犯刑だから受刑者が文句を言わないので食事が適当」という話や、「京都は質も量もまとまっていた」という評価、「宮崎は全体的に味が濃いめで量も一番多かった」と懐かしむ声、そして「府中はイラン人が多いので豚禁で牛肉が多かった」というコメントもあったが、これはいつ頃の話だろうか。だとすれば、おなじくF指標（日本人と異なる処遇を必要とする外国人）の受刑者を抱える札幌、福島、黒羽、前橋、府中、横浜、横須賀、新潟、甲府、静岡、金沢、名古屋、京都、大阪、広島、高松、福岡、長崎などにもそれぞれユニークな食事情があるのではないかと興味が湧く。

「大阪は朝からパンでコーヒーと言っていました」、「人に聞くと北に行くほどメニューはいいと言います」といった情報交換や噂話も施設内でされている。「大阪刑務所のコッペパンが美味しいとよく言われます。（略）ズッシリと詰まっていて食べごたえがあり確かに美味しいです。でも私のなかでその数倍美味しいパンが出たのが熊本刑務所でした」という聞き捨てならない証言もあった。熊本といえばほかにも「あまりにも美味しくてビックリしました。その当時（平成16年）はすべての量が多くて、毎回満腹でした」という昔話もあるが、「熊本刑務所は刑務所のなかでもとりわけ食事は美味しい方だと言われているそうです。ですが長年（50年以上）受刑されている方に言わせると、今は昔の3分の1ぐらいまで味が落ちたとのこと、残念です」という想像を絶するような話もあった。パンといえば名古屋のパンも有名だ。また帯広では「コッペパンを炊場で揚げた〝揚げパン〟が出されるらしい。「今月はシナモンですが、ココア、きな粉、シュガーなど」とバリエーションが豊富だ。

北海道といえば、旭川にいたという元受刑者によると同所ではジャガイモの栽培という刑務作業があるそうだ。その一部が施設の食材となる。

そしてもちろん（どことは言わないが）食事の評判の芳しくない施設があちこちにあるのも事実だし、基本的にはいずこも総じて侘しいといえば侘しい。

【獄中句】　春昼に一番風呂をもらひけり
ひとり居の天井低し五月雨
霜柱踏むたび許す過去の吾を
亡き父を思ひ出したる母の日に

〈千葉刑務所〉

昼食

刑務所風を再現するなら、炒め料理も「水っぽく」

写真はある日の昼食の再現イメージ。キャベツと鶏肉のレモンバター炒め、野菜のチーズサラダ、缶詰のみかん、という副菜の献立だ。

衛生面を配慮してのことだろうが、肉は調理前に必ず一度茹でることになっているという証言があった。大きな鍋に湯を沸かしたとしても、直前まで冷蔵庫に保存されていた大量の肉を投入すれば、湯の温度は一気に下がる。茹でるあいだに脂も肉汁も抜け出てしまうだろうから、旨みが損なわれるのは避けようがない。炊場での調理は基本的に大きな蒸窯を使っておこなわれるため、「〇〇炒め」というメニューであっても高温の火力で勢いよく炒められたものではないし、そもそも炒められていないような気がする。

野菜類は冷凍のカット野菜が使われることが多いが、これも調理の過程で水が出やすい。価格が安定している、下処理が少なくて済む、衛生的であるなど、さまざまな利点があるのだろうが、「歯ごたえがない」などといった不満につながる一因だろう。炒め物とは名ばかりで、実際は「水気が多くて煮物のようだ」と嘆く声もあった。

本書では一般的な家庭用の調理機器を使って、刑務所の味の再現を目指した。複数の元受刑者に試食してもらい、食感や盛り付けについてもアドバイスを受けた。家庭で再現する際には「水を多めに加える」、「長時間じわじわと過熱する」、「とにかく薄味に徹する」ことを意識することで、多少は刑務所の味に近づけられるかもしれない。

私は気付きました。この中で理不尽の壁に打ち当たり、憤っているこの私こそが、社会に居た頃は誰かにとっての理不尽の壁であったのだと。
〈35歳の少年無期受刑者〉

バリエーション豊かな毎日の昼食、今月はどんなおかずが登場するのか？

刑務作業に従事する受刑者にとって、最大の活力源となるのが昼食だ。主食の中心が麦飯であることは変わらないが、パンや麺類といった食欲をそそる変化が期待できる。三食のなかで最もメニューのバリエーションが多い。

パンといえば獄中ではコッペパンだが、これは市販のものより大型だそうだ。炭水化物のカロリーが生む熱量が、一日の労働の糧となる。パン食の日が嬉しいという声は多く、出所後はパン屋になりたいと夢想する受刑者も珍しくないようだ。刑期を終えればまた、外の社会でどうにかして生計を立てていかなければならない。その後の生活の手段を不安視する受刑者が多いのは想像に難くないが、では一体どうすればいいのか？　さまざまな理由から前科を持つに至った者にとって、その不安が小さくないであろうことは想像に余りある。社会に受け入れられなければ、またなにか過ちを犯してしまうのではないか。長い服役生活のなかでそんな不安が募る。社会復帰に向けた教育をもっと充実させてほしいという受刑者の意見は切実だが、実情は及ばない。生まれ落ちた家庭環境、経済状況、そのようなあれこれを悔やんでも、いまさら自分ひとりではどうすることもできない。出所できたとしたところで、過去の人間関係を頼るほかないのだとすれば、またこの道に引き戻されてしまいかねない。

ポテトコロッケ、鶏肉野菜炒め、ハンバーグ、いわしハンバーグ、メンチカツ、オムレツ、春巻、麻婆春雨、鶏肉と里芋の炒り煮、白身魚のフライ、餃子、豚汁、コンソメスープといった華やかなラインナップが供されることもある。

麺類を挙げればラーメン、うどん、スパゲティ、蕎麦、焼きそばとメリハリがある。ミートソース、五目、天ぷら、ジャージャー、きつね、南蛮……、いずれもこころ沸き立つような響きだが、名前どおりの期待が満たされるとはかぎらないと受刑者は言う。

特に身構えておきたいのが、洋風・和風・中華風、柳川風、すきやき風、さらにはハワイアン風、ガパオ風、ビビン麺風といった、○○風の献立だという。

献立を組む立場としては少しでもと工夫を凝らしたい。給与される側は想像力をかきたてられ、そして裏切られる。切ないといえば、あまりに切ないやりとりだろう。

喜ばれるのが〝ぜんざい〟だ。甘く煮た小豆の餡は、コッペパンとマーガリンとの抜群の相性を誇る。アルコール類やスパイスといった刺激物から遠ざかって久しい受刑者たちにとって、〝ぜんざい〟にかぎらず甘味の魅力は絶大だ（味醂《みりん》もアルコールだから使われない）。

「甘しゃり」を味わい英気を奮い立たせ、今日の活力とする。

カレーには「味がある」

千葉刑務所に服役中の受刑者は言う。「たいていの人は（好きなメニューは）カレーと言います。理由は、味があるからです」

大分の受刑者も「結局一番となるとカレー」と同意見だ。「基本的に毎週1回食べられるのも嬉しい」と、その理由を語っている。

それと分かる味があり、また必ず定期的に食べられる。カレー人気の高さの所以《ゆえん》だ。

平日の昼食は、それぞれの従事する刑務作業の工場に配られる。「おい！　俺のカレーに肉2個しか入ってねーぞ！」と怒号を上げる受刑者がいる。すると、各テーブルから「○○さん、みんな1個しかないよ、それ当たりだから」などとたしなめる声が聞こえる。肉といっても小さな肉片であって、大きな塊ではない。これは千葉の受刑者から寄せられた手紙のなかで描かれていた、ある日の昼食の情景だ。

宮城の受刑者は、「カレーの日の副菜に必ず〝福神漬〟がつくのですが、これも一品扱いですよ！」と不満を訴える。副菜の品数は限られている。以前は3、4粒ほどの〝らっきょう〟が添えられることもあったそうだが、大きさや個数が喧嘩の原因となるため、今では姿を消したという。熊本からは「カレーにジャガイモが入っているのに、付け合わせがポテトサラダ」と問題視する声も届いた。

人気メニューのカレーだが、今では具材も寂しくなっているという。写真は〝生揚げ〟のカレーだ。肉類を中心に使われる食材が減るなか、大豆由来のタンパク質が存在感を増している。

メニューで私が日頃楽しみにしているのはカレーです。いまは週に１回（金曜の夜に）出ます。基本はじゃがいも、人参、玉ねぎ、グリンピースで、お肉がローテーションで変わります。今年は１度出ましたが、２年程前からビーフは出なくなっていました。なので、お肉は豚、鶏、ひき肉の３種類でローテです。プラスαでかぼちゃのキーマカレーやきのこカレーというのもローテーションに入りますね。

〈大分刑務所・無期〉

ジョア
ストロー
1日分のカルシウム &ビタミンD

ハヤシライス

昨今では豚や鶏が主流とか。いまやグリーンピースの減らされた刑務所もあるらしいが、その点については喜びの声も。ごはんが進む人気メニュー。

材料（2人分）
豚こま切れ肉…40g
玉ねぎ…1/4個
しいたけ…1個
グリーンピース…大さじ1
水…400mℓ
ハヤシライスの素…適量

作り方

1 豚肉を小さく切り、いちど茹でる。

2 玉ねぎとしいたけを薄切りにする。

3 鍋に水を煮立て、肉と玉ねぎ、しいたけを入れて柔らかくなるまで煮る。ハヤシライスの素を少量加え、さらに3分煮る。

おいしい食事を味わえることがどれほどしあわせか、決して当たり前ではないことを考えるだけでも心からおいしく感じられるし、感謝の意が芽生えますよ。作り手、準備してくれる方々がいてこそです。本当に本当に、ありがとうと伝えたいです。おいしいは人の心を豊かにします。〝本〟と一緒ですね。

〈宮城刑務所〉

材料（2人分）
麦飯…300g
鶏むね肉…40g
ミックスベジタブル
…大さじ山盛り2杯
卵…1個
ケチャップ…大さじ1
油…適量
塩…少々

チキンライス

最近は登場頻度が減ったという卵を使った嬉しい一品。「卵を具材に使うのでオムライス風で意外と普通に旨いです」と千葉の受刑者は言う。

作り方

1 鶏むね肉を小さく切り、いちど茹でる。

2 フライパンに油少々を熱し、溶いた卵を流し入れて炒り卵を作って取り出す。

3 同じフライパンに油を足し、ミックスベジタブルを炒め、麦飯を加えて炒め合わせる。ケチャップと塩で味を薄めにととのえ、炒り卵を戻して混ぜる。

タマゴソースと鶏そぼろが重ねて出た日は、飯の上に鶏そぼろをのせ、タマゴソースをかけた親子丼にする。〈千葉刑務所〉

材料（2人分）
鶏むね肉…50g
にんにくの芽…4本
もやし…50g
A鶏ガラスープの素
…小さじ1/2
A塩…少々
水…300mℓ
油…少々

鶏肉とにんにくの芽

過熱しても歯ごたえがあり、風味と栄養価の高さが魅力的なにんにくの芽が主役。肉類との相性も良く、食欲をそそる爽やかな一品。

作り方

1 鶏肉を細かく切り、いちど茹でる。

2 にんにくの芽を4〜5cm長さに切る。

3 フライパンに油を入れて熱し、肉とにんにくの芽、もやしを入れて炒める。

4 水とAを加えて3〜4分煮込む。

ごはんにヨーグルトをかける「ヨーグルトめし」。目の前でネパール人がやってたのを見て、何度もすすめられて、ひと口たべたら「あれっ!?んっ!?」って微妙で、ところがたべすすむと完全に旨くてドハマり。所かわればってやつですね。〈宮城刑務所〉

豚肉とナスのキムチ炒め

ナス料理の人気は高い。

味が沁み込みやすく、ボリュームがあり、
肉の少なさを補ってくれるからだろうか。

「茄子は一回揚げてある」

という証言もあったが……？

材料（2人分）
豚こま切れ肉…50g
ナス…1本
玉ねぎ…1/8個
A キムチの素…小さじ1/2
水…300㎖

作り方

1 豚肉を小さく切り、いちど茹でる。
玉ねぎを薄切りにする。

2 ナスを乱切りにし、素揚げする（省略可）。

3 鍋に水と**A**を煮立て、肉とナス、
玉ねぎを入れて7～8分煮込む。

【獄中句】 無期囚の手より受けたる春の蝶
成るがまま有るがままなり春の獄
年の差は三十二歳の日向ぼっこ
【獄中歌】 人間のすることじゃないと囚友《とも》が云う人間だからこそとも思う

〈熊本刑務所〉

麺

「特に麺類は人気で種類も多く、ラーメンは味噌、塩、五目、ベトコン、とんこつ、ちゃんぽん等があり、どれもおいしいです。ただ麺がのびていて汁も冷めているので、アツアツのラーメンをフーフーしながら食べたい」と、岐阜刑務所の受刑者は胸中を語る。

ラーメンにかぎらず、うどん、そば、スパゲティ、ビーフンなど、特に昼食として麺類が供されている。

たとえば岐阜刑務所であれば、毎週月曜日はカレー、火曜日は丼物、水曜日は麺類、土曜日はパンと、大まかなメニューが決まっている。「なので、月・水・土は人気メニューが多く、皆楽しみ」と、受刑者の心も少し浮き立つ。

スパゲティであればナポリタンやトマトソース、焼きそばなら塩かソース、また〝五目ラーメン〟や〝かき玉うどん〟や〝炒めビーフン〟といった定番メニューのほか、夏場の〝冷やし中華〟や〝冷やし鶏そば〟それから〝ソーメン〟など季節感を味わえるのも貴重だろう。名古屋では〝あんかけスパゲティ〟なるご当地メニューも登場する。

麺を使った料理と一緒に、普段より少量の麦飯も供されることが多いようだ。変化の乏しい日常にあって、麺食を楽しみにする受刑者は少なくない。

ただし、「麺類は出るのですが全部汁気の無い混ぜる物ばかり」という施設もあるようで、うまい話ばかりでもなさそうだ。

「これ食えないから、やるよ」「ありがとう、貰うよ」その瞬間「おい！　おまえら、何をやってる！　そのまま動くな！」食べ物の不正授受で現行犯逮捕、懲罰行き。
〈千葉刑務所〉

ナポリタン

いわゆる〝ナポリタン〟を
想像してはダメ。
ケチャップ和えの具材が
麺にのっている。
賛否両論、評価の分かれる一品。
ちなみに「ナポリタン焼きそば」なる
メニューが登場する施設もある。

材料（2人分）

スパゲティ…200g
ハム…1枚
ピーマン…1/2個
玉ねぎ…1/4個
A ケチャップ…大さじ2
A 砂糖…ひとつまみ
水…200mℓ
片栗粉…少々
油…少々

作り方

1 スパゲティを茹で、油少々を絡めておく。

2 ハムとピーマンを細切り、玉ねぎを薄切りにする。

3 フライパンに水を入れて沸かし、ハムとピーマン、玉ねぎを入れて煮る。

4 **A**を加え、片栗粉でとろみを少しつける。茹でたスパゲティの上にかける。

刑ム所の内外で内容が全く違うものの代表格は「ナポリタン」と「焼肉」と思われます。まず「ナポリタン」和えていません。スパゲティの上に炒めたハム、ピーマン、玉ねぎとトマトソースを絡めたタネというかソースが載っています。具材それぞれはナポリタンですが見た目は似て否なるもの。麺とナポリタンソースの割合も悪く、麺全体に絡むほどの量がないので、プレーンで麺をいくらか食べないとバランス良く絡みません。
〈千葉刑務所〉

材料（2人分）
中華麺…2玉
豚こま切れ肉…30g
玉ねぎ…1/8玉
もやし…50g
にんじん…20g
［スープ］
A 味噌…大さじ1
A 塩…少々
A 鶏ガラスープの素…小さじ1/2
水…500mℓ

ラーメン

社会に出たら、麺の伸びていないアツアツのラーメンを食べたい。バリエーションは豊富。名古屋では、スタミナラーメンとして有名な〝ベトコンラーメン〟も登場。ただし「ニンニクは入っていません」。

作り方

1 豚肉を細かく切り、いちど茹でる。
2 玉ねぎを薄切りに、にんじんを細切りにする。
3 鍋に湯を沸かし、玉ねぎ、にんじん、もやしを茹でる。麺も茹でる。
4 別の鍋に水を入れて沸かし、**A**で味をととのえる。
5 器に麺、混ぜ合わせた野菜を盛り、4のスープをかける。

ラーメン系は去年夏場の「冷やし中華」が9月中旬で終了してから秋に一度「しょう油ラーメン」が出たのみで、「みそ」「とんこつ」は出てなくて、物価高の影響なのか？　ラーメンスープが味わえるならメンはうどんでも良いから食べたい。〈千葉刑務所〉

材料（2人分）
うどん…2玉
ツナ 1/4缶
キャベツ…2枚分
マヨネーズ…大さじ2
A 麺つゆ（3倍濃縮）…小さじ2
A 水…100mℓ
海苔の細切り…適量
※お好みで細切りのにんじんも。

サラダうどん

「ツナ、人参、キャベツをマヨネーズで和え、和風だしの冷やしうどんの上に載せた刻み海苔をまぶした一品で、食べ応えや味の濃さもあり、美味しくいただけます」（千葉刑務所）

作り方

1 うどんを茹でる。

2 キャベツを柔らかく茹で、細切りにする。

3 キャベツをツナとマヨネーズで和える。

4 器にうどんを盛ってAをかけ、上に3をのせる。海苔を飾る。

カレーの日の副菜は必ず「福神漬」がつくのですが、これも１品扱いですよ！　以前は「らっきょう（といっても４粒ほど）」と交互に出ていたのですが、福神漬のほうが安いからか、こちらオンリーになりました。これと似た内容でグチると、週１回（だいたい火曜日の昼食）の麺（ラーメンとうどんが週替わりで）の時もヤバいです。ラーメンのときは「メンマ」が副菜としての１品です！　えっ、ラーメンの具でしょ!?　それっておかしいじゃん！

〈宮城刑務所・無期〉

材料（2人分）
麺…200g
豚こま切れ肉…40g
キャベツ…2枚
もやし…30g
A 中濃ソース…大さじ1
水…200mℓ
油…少々
紅生姜…少々

焼きそば

想像する〝焼きそば〟より薄味に。
それでも麺の食感が舌を魅了する？
ソース味と塩味があるようだが、
その味が全体に絡むことは
残念ながらないようだ。

作り方

1 豚肉を小さく切り、いちど茹でる。

2 キャベツを細切りにする。

3 フライパンに油を入れて熱し、豚肉とキャベツ、もやしを入れて炒める。

4 麺を加えて炒め合わせ、水とAを加えて1〜2分煮て全体をなじませる。

「焼きそば」はソースと塩味の2種類で、ソースはメンに少し色が着いてるかな位で塩は味がついてる所とついてない所が有り不評だけど、私もソースの方が好きですが、近年どちらにもニラが入る様になり、ニラが主張が強すぎて旨くないしソースを増やせばマシになるのに。
〈千葉刑務所〉

副菜

キャベツのごまドレ

生野菜が出ていない。
サラダも加熱した野菜。
茹でたキャベツを絞らず切れば
「柔らかく水が多い」食感を
家庭でも再現できる。

材料（2人分）
キャベツ…2枚
ごまドレッシング…少々

作り方

1 キャベツを柔らかく茹で、食べやすい大きさに切る。
2 ごまドレッシングで和える。

最近の物価高により牛丼、カルビ丼、ハンバーグなどのレトルトの回数が急減しました（1～2週間に1回→1～2カ月に1回）。宮城は月1回のカップ麺と月末の汁粉の餅と行事のロールケーキが名物でしたが、カップ麺（スーパーカップや一平ちゃんやきそば）も三流メーカー品が1年に1回位に減り、餅は正月も含めて高齢者ののどに詰まるのを防ぐ為として無しに。ロールケーキも昔は25cm位の長さが今は8cm位です。
〈宮城刑務所〉

材料（2人分）
ブロッコリー…50g
カリフラワー…50g
にんじん…40g
（冷凍の洋風野菜ミックスなら合わせて150g）
プロセスチーズ…30g
マヨネーズ…大さじ1/2

野菜のチーズサラダ

冷凍のカット野菜が活躍。
サイコロ状チーズ数粒と茹で野菜を
マヨネーズで和えたものだが、
こちらも「ゆで汁で水っぽい」。

作り方

1 野菜を食べやすい大きさに切り（冷凍野菜の場合はそのまま）、柔らかく蒸し煮にする。
2 チーズを1cm角に切る。
3 野菜とチーズを混ぜ、マヨネーズで和える。

カリフラワー・ブロッコリー・人参・角切りチーズをマヨネーズで和えたサラダで、カリフラワーはコレでしか使われず、チーズとマヨネーズと野菜がとても旨く、副菜ですが、ハムやベーコンを加えれば主菜で行ける一品です。〈千葉刑務所〉

さつま芋オレンジ煮

甘い煮物は好まれる。ほんの少しの柑橘の香りがさつまいもの甘さを引き締める。岡山と大分の各刑務所から推薦のあった一品。

材料（2人分）

さつまいも…100g
オレンジジュース…30㎖
A砂糖…小さじ1
A塩…ひとつまみ

作り方

1 さつまいもを1㎝厚さの輪切りにする。

2 鍋にオレンジジュースとひたひたの水、Aを入れ、さつまいもが柔らかくなるまで弱火で煮る。

人気はカレーです（月4～5回）。シチュー（月4回ほど）、あと揚げ物は冷凍食品だと思いますがメンチカツ、チキンカツ、豚カツ、コロッケ、白身魚のフライ、アジフライ、唐揚げ、またレトルト食品（チキン南蛮丼、ミートボールなど）も人気が高いです。煮物ではさつま芋のオレンジ煮、若鳥の揚げ煮（これは柔らかくておいしい）、関東煮、それと個人的には、肉じゃがは結構いけます。韓国風肉じゃがと二種類あります。

〈熊本刑務所・20年目〉

いとこ煮

刑務所の食事で一番人気の
小豆の甘煮。
それを甘く煮たカボチャと和える。
普通に美味しい、至福の味わい。

材料（2人分）
カボチャ…100g
ゆで小豆…50g
A 砂糖…小さじ1
（ゆで小豆の甘さで調節）
A 塩…ひとつまみ

作り方

1 カボチャを食べやすい大きさに切り、ひたひたの水、**A**を加えてカボチャが柔らかくなるまで弱火で煮る。

2 ゆで小豆を加え、1～2分煮て全体をなじませる。

それでも皆できる限りの工夫をして、なんとか楽しもうとする。レトルトのハンバーグは袋ごと揉んで潰してソースと混ぜ合わせてパンに挟んだり、コロッケはチョコジャムと潰して混ぜて挟んだり、中にはバレたら懲罰行きリスクを冒して朝食に出たきな粉とかを隠してぜんざいに混ぜたり、溶かしたマーガリンと混ぜてパンに塗ったり。〈千葉刑務所〉

コラム❷ 意外と美味しい⁉

「刑務所の食事は意外と美味しい」とか「むしろ健康的」とか、そんなことを言う人もいないではない。だが受刑者からの手紙やアンケートの回答を読みながら、また元受刑者の証言を聞きながら、そうとでも思わなければやっていけない現実もあるのかもしれないという印象を強く受ける。

低コストの食事だけど絶品、などという都合の良い話があるわけもなく、むしろ娑婆の私たちからすれば「え〜!」と思わず声に出してしまいそうな食事が受刑者たちのリアリティなのだろうと思う。

実際のところ、各所の受刑者からは食に対する不平や不満がここぞとばかりに数多く寄せられた。不平不満とはいえ、恨みつらみとはまたちょっと異なるニュアンスであることを強調しておきたい。

「毎日3食いただけるだけでも有難いことですよね」と頭では理解しながらも、肉体と精神は悲鳴を上げている。罪を犯したことの報いといえばそれまでだろうが、食への渇望はサバイバルの響きさえ帯びている。

カロリー計算どおりであれば、生きるに足るだけのカロリーは確かに与えられている。だが、正直な感想としては、これでは栄養が足りず肉体的につらく厳しい日々だろう。

パン食は人気だが、それは刑務所の単調な日常における数少ない変化だからに違いない。多くの施設ではパサパサと乾いた味気ないパンが供されているようだ。「あと1日置けばこのパンで釘が打てる」というほどの状態のパンが出されることも「たまにある」というコメントを読めば、大袈裟な表現だろうとは思いながらも自宅でちょっと固くなったパンを持て余す瞬間を思い出し、なんとも言えない気分になる。

それもこれも仕方ないことなのだ、それだけのことをしてしまったのだからと、そう考えるべきなのだろうか?

大罪を犯して裁かれる人もいれば、裁かれない人々もいる。それも生まれ持っての運命ということになるのだろうか。危うい道に足を踏み入れることなく、社会的バランスを保ちながらそれなりにつつがなく暮らせている人々は、もうそれだけで幸せというほかないのだろう。

犯罪はあらゆる時代にあらゆる形で起きている。もし自分が大きな罪を犯してしまったら、そう考えると毎日の食のありがたみが自ずと増す。

ちなみに刑務所における食事の管理や規則が厳格なのは、そこでの人間関係の苛酷さとも無関係ではないようだ。

身長、作業内容によって麦飯の量、食等が違い、身長が180cm以上あると身長食として少し多くの麦飯が食べられます。作業はA食・B食・C食とありAが一番多くて次がB、次がCとなります。工場に出て作業をしていますとA食かB食となり、立って作業をしているとA食、座って作業をしていますとB食となります。C食は、取り調べなどで部屋にて作業をしている人です。

〈東北の某刑務所〉

夕食

深夜の空腹を耐える

「皆さんは〝なぜ罪を犯したか〟ではなく〝なぜ罪を犯すようになったか〟を考えたことはありますか？　私は強盗殺人未遂の罪で無期刑となったのですが、よくよく考えると、その始まりは子供の頃にまで遡ると気づきました」と、とある刑務所で24年目を迎えた受刑者は心情を吐露する。

いつ終わるとも知れない無期懲役の日々。刑務作業を終え、房に戻り、早い夕食となる。

平日であれば、朝食7：10、昼食12：10、夕食16：50と、これは宮城刑務所の場合だ。そして週末と祝祭日には朝8：00、昼11：40、夕16：00と、特に夕食の時間がかなり早まる。ちなみに夏季処遇と冬季処遇とでも、刑務所内のタイムテーブルは異なるようだ。「土日祭日は夕食の時間が早すぎて、朝食まで15時間くらい空きますので、夕食が美味しくなくあまり食べなかったときは夜中にお腹が空きます」と言うが、空腹を耐える暗闇のなか意識に去来するのはどのような想念なのだろうか。また、そのような日々のなかで口に運び噛み締める食事は、果たしてどのような味わいなのだろうか。

かつては当たり前だった調味料（主に醤油）が、昨今では出されなくなったという証言が気になる。パサパサの揚げ物を味気なく噛み締め、薄い汁物で味蕾を潤す。

「娑婆では満足に食事をとってない人もいますし、食べれない人もいます。刑務所のメニューのなかではおいしいと、そう総和できる方も多いのです」と、長い服役生活を終えたある受刑経験者は語る。

こちら徳島では唐揚げ等の俗に言う数物は出ません。炊場や配膳係が闇で食べるからです。バナナなども色の良し悪し、特に大きさで揉めるために出なくなったそうです（古い懲役談）。こちらは年寄りが多いので、正月の餅も出ませんし、パン食のときに出ていた三角チーズもスライスチーズになりました。魚のレトルトが大の不人気メニューでしたが、この頃は登場しなくなり、皆が喜んでおります。徳島は基本的には味が良く、メインの好き嫌いはそれぞれ違います。　〈徳島刑務所〉

不景気、物価高、高齢化

ハワイアンチキン、モロヘイヤ丼、大豆のチリコンカン、かしわ入り酢の物、チキンボール甘酢煮、枝豆回鍋肉、いかゲソメンチカツ、オイマヨチキン、炒り鶏風煮、酢鶏風煮、すきやき風煮、人参チャンプルー、大根とマカロニのクリーム煮、洋風ひじき煮、かぼちゃミルクレーズン煮、挽肉ビーンズ、生揚げと挽肉のカレー、三色ピーマン炒め……

定期的に貼り替えられる献立表の随所にある、工夫を凝らした魅力的な料理名が目を引く。主食（麦飯や麺）を除くと毎日一人あたり400円強の予算で、変化を持たせながら三食を賄わなければならない栄養士の苦労が偲ばれる内容だ。施設によっては〝ザンダレ丼〟や〝マーボー焼きそば〟といったご当地メニューがときどき加わる。

「メニューだけ見て良い食事をしていると驚かれることがありますが、あくまでも刑務所風ですからね」と、ある受刑者は言う。何年も刑務所の中で暮らしているうちに「〇〇風ばかりなので、本来の味を忘れてしまった」と嘆く受刑者もいる。

刑務所内でもさまざまな体調不良が起きるが、「あそこで糖尿病になる人だけはいないでしょう」と元受刑者は苦笑する。たとえば宮城では献立表に一日のカロリーが記載されているが、主食以外で950〜1600キロカロリーと健康的だ。ただし、「実際にはもっと低いのではないか」と疑う声もある。そしてなにより薄味だ。特に長期受刑者を多く抱える施設では、高齢化を理由にした減塩化が数年前から推し進められているようで、「ほとんど味付けがされていない」、「薄味対策（という名の節約）で年々、質、味、量が落ちてきている」といった苦情が方々から聞こえてくる。「納豆にも焼き魚にも醤油がつかない」という刑務所もあるようだ。食事由来の高血圧とも無縁だろう。

また、おそらく物価高の影響により、肉類は種類もボリュームも以前と比べて目に見えて寂しくなっているという。たとえば〝肉豆腐〟なら、いくつか肉片と呼べる程度ものが入っていれば幸運で、まったく入っていないものに当たることもある。具材に卵の使われている〝チキンライス〟などは美味しくて嬉しいという受刑者もいるが、「鶏肉料理が多いものの肝心の鶏肉は圧倒的に少ない」、「(肉類が使われていたとしても）入っているかどうか微妙な量」というような証言も多い。牛肉が数年前から姿を消したという刑務所は少なくないようだ。まばらに混じる鶏肉にしたところで脂のあるもも肉などは使われず、あらかじめ蒸すか茹でるかの処理を加えられた固く味気ないむね肉の破片だという。「豚肉といえば、恐ろしくて口に出来ないような代物が出ていましたが、所長面接や意見提案用紙で再々訴えた結果、やっと豚肉と認識できる肉が出るようになりました」という涙ぐましい証言もある。

夕食は午後5時頃と早いため、ときに耐え難いほどの空腹を抱えて長い夜を過ごすことになる。分量の少ない夕食で翌朝まで凌がなければならず、とにかく腹が減って同囚全員のお腹がグーグーと鳴っている。不景気の波は、刑務所にも深刻な影響となって押し寄せている。

先入観は捨ててしまおう

外の社会とは何から何まで異なるのが刑務所の中だ。そして、その象徴とも呼ぶべきものがこの「焼肉」である。

まず、焼肉の肉は焼かれていない。この一言をもって、刑務所という不条理な世界の味わいを噛み締めてほしい。

参考にしたのは千葉刑務所の受刑者から寄せられた証言だ(欄外参照)。前述したとおり、肉類はすべて下茹でされたものが使われているらしい。焼肉というからには主役は肉であるべきだが、せいぜい10円玉ほどの大きさの肉がいくつか、茹でたもやしと玉ねぎに混じるのがここで言うところの焼肉だ。

「炊場では蒸気式の大釜を使用し、食材の中心温度がたしか90℃以上になるまで熱を入れます」という証言が宮城の受刑者から届いた。施設によっては「自分がいたときは1400人分」というほどの大量の料理である。その人数分を仕上げるのに一体いくつの大釜が使われるのか、またそれだけの分量の食材が入った蒸窯の温度が90℃に達するまでどれほどの時間を要するのかなど、今回の取材では確認に至らなかったことをここに打ち明け、お詫びしておく。

レシピには「にんにくすりおろし」や「ごま油」とあるが、これらはあくまで外の社会の味に親しむ私たちの願望が、にんにくやごま油の風味となって紛れ込んだものであることも言い添えておきたい。一応、試食した元受刑者からは「ＯＫ」をもらった味だ。

記憶の底にある焼肉の味をたぐり寄せながら薄味の肉片を噛み締め、意識をパラレルワールドに飛ばす。

外の料理とは同じメニュー名でも、中身がかなり違うことがあります。たとえば「焼肉」は豚肉ともやしと玉ねぎを茹でたもので汁物に近く、「チンジャオロースー」も豚肉を３cm×0.5cmくらいの細切りにして、ピーマンと玉ねぎ、竹の子(水煮)を調味料で茹でた感じとなっており、外の料理とはだいぶ違います。
〈千葉刑務所〉

焼肉

「○○風」の極みの一品だ。
焼肉と聞いてこれが出たら
確かに腹も立つだろう。
たっぷりのもやしと玉ねぎで
健康的ではある。

材料（2人分）
豚こま切れ肉…50g
玉ねぎ…1/4玉
もやし…50g
A 醤油…大さじ1/2
A 砂糖…小さじ1
A にんにくすりおろし…少々
A ごま油…小さじ1/4
水…300mℓ

作り方

1 豚肉を小さく切り、いちど茹でる。

2 玉ねぎを薄切りにする。

3 鍋に水とAを煮立て、肉と玉ねぎ、もやしを入れてほどよくくったりするまで3～4分煮込む。

材料（2人分）
豚こま切れ肉…50g
細切りたけのこの水煮…100g
ピーマン…1個
A醤油…小さじ1/2
A砂糖…小さじ1/2
Aごま油…小さじ1/4
A鶏ガラスープの素…小さじ1/2
水…300mℓ

青椒肉絲

「たけのこばっかり」
と不満の声も上がる料理だが
たけのことピーマンの
しっかりとした歯ざわりがよく
野菜料理としては悪くない？

作り方

1 豚肉を細く切り、いちど茹でる。

2 ピーマンを細切りにする。

3 鍋に水とAを煮立て、肉とたけのこ、ピーマンを入れて3〜4分煮込む。

刑務所のメニューというのは、メニュー名は大層なものであっても実際の内容・味・量が名前からイメージされるものとはかけ離れているのが多くあります。
〈大分刑務所〉

すきやき風煮

牛肉が出なくなった最近は
すきやきも豚肉で作る。
野菜と糸こんにゃくがたっぷりで
「翌朝のすきやき鍋みたい」な煮物は
肉は少なくても麦飯は進む。

材料（2人分）

豚こま切れ肉…50g
ごぼう…30g
えのき…30g
糸こんにゃく…80g
A 醤油…大さじ1/2
A 砂糖…大さじ1/2
水…300㎖

作り方

1 豚肉を細く切り、いちど茹でる。
2 ごぼうは斜め薄切りに、えのきは長さ半分に切る。糸こんにゃくは食べやすい長さに切る。

3 鍋に水とAを煮立て、肉とごぼう、えのき、糸こんにゃくを入れて煮る。フタをして、ごぼうが柔らかくなるまで10分煮込む。

麻婆豆腐が刑務所独特の味で、これを食べた時に「あ～刑務所だ」と思うのは私だけでしょうか？ 麻婆豆腐はどこの刑務所で食べても独特で同じ味です。
〈熊本刑務所〉

豚と野菜の卵とじ煮

「かなり少ない卵に豚5〜6枚、いんげん、糸こんにゃく、ニンジン細切りの〝具多めのスープ〟のよう」という解説が千葉刑務所からあった一品を再現。これに「オクラと若芽の酢の物」とスプーン1杯分の「うずら豆」がつく。

材料（2人分）

豚こま切れ肉…50g
にんじん…20g
インゲン…2本
糸こんにゃく…30g
卵… 1/2個
A 醤油…小さじ1
A 砂糖…小さじ1
A 和風だしの素…小さじ1/4
水…400mℓ

作り方

1 豚肉を細く切り、いちど茹でる。

2 にんじんは4cm長さの短冊切りに、インゲンは4cm長さに、糸こんにゃくは食べやすい長さに切る。

3 鍋に水とAを煮立て、肉とにんじん、インゲン、糸こんにゃくを入れて4〜5分煮る。溶き卵を回し入れる。

社会で生活していた頃、正業に就き働くことを蔑にしていた自分が、どれだけ愚か者で情けない生き方をしていたかと、今は、はっきり自覚できます。それらに気付くにつれ、受刑生活でも観えてくるものがありました。　〈受刑生活は今回で３度目〉

材料（2人分）
豚しょうが焼き用肉…100g
にんじん…20g
玉ねぎ…小1/8個
しいたけ…1枚
［衣］
小麦粉…大さじ2
水…大さじ1強
A ケチャップ…大さじ1/2
A 砂糖…小さじ1/2
A 酢…小さじ1/4
A 醤油…少々
片栗粉…小さじ1〜2
水…300㎖
油…大さじ2

酢豚

衣をつけてボリュームを出し
肉がしっかり食べられる
数少ないメニュー。
メリハリある甘酸っぱい味が
食事に華やぎを添える。

作り方

1 豚肉を1cm×2cmくらいのサイズに切り、いちど茹でる。

2 にんじんは3cm長さの短冊切りに、玉ねぎは1cm幅のくし形切りに、しいたけは薄切りにする。

3 小麦粉と水を混ぜて衣を作る。茹でた肉をくぐらせ、油を多めに熱したフライパンで揚げ焼きにする。

4 鍋に水とAを煮立て、すべての材料を入れて4〜5分煮る。片栗粉でとろみをつける。

日本全国に務めておられる長期・無期の方々、そしてこの投稿を見てくれている社会の皆様、どうかお願いです。いつか我々は社会へ戻ります。その時の為に学ぶ、知るチャンスを下さい。罪を抱えて自分と戦い生きる上で大切な事です。〈LB刑務所〉

材料（2人分）
フランクフルト…小1本
大根…4cm分
にんじん…60g
玉ねぎ…小1/8個
A顆粒コンソメ…小さじ1/2
A塩…少々
A和風だしの素…小さじ1/4
水…400mℓ

ポトフ

刑務所によっては
魚肉ソーセージが入ることも。
さっぱり味だが
野菜はたっぷりなので
満足感ある一品だ。
材料のフランクフルトは
施設によっては「小(半分)」。

作り方

1 大根は2cm厚さのイチョウ切り、にんじんは1・5cm厚さの半月切りに、玉ねぎは1cm幅のくし形切りにする。フランクフルトは斜め薄切りにする。

2 すべての材料と水、**A**を鍋に入れ、野菜が柔らかくなるまで15〜20分煮る。

玉ネギ・人参・大根・フランクフルトの薄切りで、塩味ベースで野菜やフランクフルトの旨みで優しい味付けで美味しいですが、フランクフルトが多く入っている時はラッキーです。
〈千葉刑務所〉

オランダ煮

おしゃれな名称に苦情が出て
「揚げ豆腐野菜あんかけ」
と改名されたとか……。
ボリュームある豆腐と野菜は
食べごたえあり。

材料（2人分）
木綿豆腐…100g
白菜…1枚
しめじ…30g
もやし…30g
片栗粉…大さじ1
A醤油…小さじ1
A砂糖…小さじ1
A和風だしの素…小さじ1/4
水…300㎖
油…大さじ2

作り方

1 豆腐を1㎝厚さの食べやすい大きさに切る。表面に片栗粉をつけ、油を多めに熱したフライパンで揚げ焼きにする。

2 白菜はざく切りにする。しめじはほぐす。

3 鍋に水とAを煮立て、白菜としめじ、もやしを入れて4～5分煮る。豆腐を加えて2～3分煮る。

メニュー表（待合室に貼られているらしい）を見た面会の人に「良い物を食べてる」と言われた懲役から苦情が出て、メニュー表記が変わりました。たとえば「オランダ煮」は片栗粉をまぶして甘辛く煮た物ですが、今のメニューでは「揚げ豆腐野菜あんかけ」となってたりします。
〈千葉刑務所〉

コラム❸ ぜんざいの甘い誘惑♡

刑務所の王道メニューといえば、なんと言っても〝ぜんざい〟だ。昼食がパン食の日に出されることが多いが、夕食に登場することもある。コッペパンを上下に割ってぜんざいを挟むのが主流だが、半分にちぎったパンの中をむしり出して作った穴にぜんざいを入れて楽しむといった食べ方もあるようだ。熊本のある受刑者はこれを「懲役あんパン」と呼び、汁気の多いぜんざいのときには「できるだけ豆だけ」を注意深くパンに詰め込む。ちなみに「おなじ要領でプリンを振って崩してパンの穴に入れたら、懲役クリームパン」が完成する。

岩国刑務所からは「ぜんぜいに麦ご飯を入れて食べると美味しい」というコメントもあったので、必ずしもパンとセットというわけではないらしい。

「大分では隔週ですが、宮城刑は月4回も出ていた」と、複数の施設を渡り歩いた受刑者ならではの比較もあった。「片栗粉を加えた〝どろみぜんざい〟が最も人気で、作り手により、かなり味に差がつく（特に塩加減）」と、その受刑者は指摘する。ところで宮城では「ぜんざいと赤バト（煮豆）が交互に出る」という証言もある。

千葉では「水分が少なめの煮込んだ小豆」という解説もあったので、もしかしたら施設によってレシピもちょっとずつ異なるのかもしれない。おなじく千葉から寄せられた別の受刑者の手紙には「煮豆のほうが人気が高い」というコメントがあったが、小豆のぜんざいも、うずら豆などの煮豆も、「豆は1日前に洗って水につけておくので、どちらもちゃんと炊けます」とのことだ。これだけ皆が楽しみにしているメニューなのだから、もしちゃんと炊けなかったら大変な事件になってしまうのではないかと心配になる。なお千葉の場合、煮豆には黒糖と上白糖、ぜんざいには三温糖と、使われている砂糖の種類が異なるという証言もあり驚いた。

食事で出されたものを隠し持っているのがバレれば懲罰行きだ。しかし、その「リスクを冒して朝食に出たきな粉を隠してぜんざいに混ぜたり」する受刑者もいるらしい。「皆、できる限りの工夫をして、なんとか楽しもうとする」のである。「やはり刑務所の中では食が一番の楽しみですから、毎回メニュー表を見て一喜一憂」というのが人情なのだ。おなじく見つかれば懲罰となる食べ物のやりとり（他者とおかずを交換したり、苦手なものを誰かにあげたり）も、それとなく陰でおこなわれているとかいないとか。

チバ刑では「ぜんざい」と「煮豆」がパン食の時に出ます。「ぜんざい（小豆）」の時は「三温糖」、「煮豆（ひよこ豆？うずら豆？）」の時は「黒糖と上白糖」で使用する砂糖の種類が違っていた。「煮豆」の方が人気があった。豆は１日前に洗って水につけておくので、どちらもちゃんと炊けました。
〈千葉刑務所〉

パン食

パン

パンの話題になると、受刑者たちも饒舌になる。それだけ楽しみなのだろう。通常、ジャムやマーガリンなどが2種類ついて供される。

千葉や府中など夕食の献立にパンが加わる施設もあるが、たいていは昼食が多いようだ。パン食は「おかずが良いのでみんな好き」と語る受刑者もいる。

府中では火・木・土・日の夕食がパンで、これは「外国人が多い」からではないかという。また、大阪では朝食にパンとコーヒーが出ると知って羨ましがる他施設の受刑者もいる。大阪、府中、名古屋の3施設は敷地内にパン工場を備えている。名古屋は週に2~3回パン食となり、コッペパン、ぶどうパン、マンゴーパン、豆パンなど種類が豊富だ。

熊本のパンは他施設のものより小麦の甘みがしっかりしていて、しっとりふわふわで美味しいという証言や、パン食のときは皆それぞれに工夫した食べ方があるため食事に時間がかかるというコメントも届く。

パンと合わせて語られることが多いのが〝ぜんざい〟や〝煮豆〟だ。コッペパンの内側をくりぬき、そこに甘い〝ぜんざい〟を詰める。マーガリンがあればなお良い。〝焼きそば〟や〝フライ〟などもパンに挟む。ジャムサンドにする者もいるが、それだとジャムの甘みを舌に直接感じられないため、ジャムはなるべく表面に塗りたいという受刑者もいる。

パン食は、創造意欲をかきたてる。

外にいる時はあまり気にならなかったのですが甘いものが無性にほしく成るので、パン食の時に副菜として出るしる粉や煮豆がとてもうれしく思われます。また同じく副菜として出るタマゴサラダやポテトサラダ、焼そば等も刑務所内ではとても貴重なので毎回楽しみにしております。もちろん、パンにつけるジャム等も色々ありますので、私にとっては刑務所の食事の中では一番好きです。
〈長期〉

賞味期限
24. 9.20 WAUZ1
カフェ・オ・レ
Piknik
ストローぐち
イチゴ
ミックス
ジャム
JAS

ぜんざい

くつくつ煮込んだ小豆のぜんざい。
受刑者の心も体も甘く満たしてくれる。
栄養豊富なのも嬉しい。

日曜日にはきなこ１袋が出ます。麦ご飯にかけて食べるんですが美味です。ぜんざいにも麦ご飯を入れて食べると美味しいです。きなこも、ぜんざいも、ご飯を入れたりご飯にかけたりなんて……と刑務所に来た当初は思ってたのですが……今では、どっぷり、はまってしまいました。

〈岩国刑務所〉

ぜんざいはコッペパンと合わせるのが定番の楽しみ方。開いたり穴を掘ったりしてパンを用意し、そこに甘い豆を入れる。「チーズを一緒に挟むとさらにおいしい」と楽しみ方はいろいろ。乳製品のほのかな塩味がぜんざいの甘さを際立たせる。

ぜんざい × マーガリン

ぜんざいとマーガリンを組み合わせれば幸せが増す。社会でも〝あんバターサンド〟は人気だが、甘く煮た小豆とマーガリンの組み合わせも、原理は一緒だ。

１カ月に６回くらいパンが出て、そのときは麦米（バクシャリ）なしです。パンの日以外は麦米です。あと１週間に１回はメン類が出て、そのときの麦米の量は通常の1/4か1/5位に減ります。メン類の日は、朝と夕の麦米の量が10ｇとか20ｇとかですが増減します。パンの日も、朝と夕の量が変わるものもあります。

〈宮城刑務所〉

非日常を味わう、小麦粉と旨み／甘みのマリアージュ

「皆が喜ぶのが月6回のパン食です」という証言にあるとおり、受刑者にとって楽しみなパン。単調な日々に変化をもたらすという意味においても貴重な食品だ。〝モッソ（主食や汁物を入れる容器）〟に盛られる麦飯の味が日常である受刑者にとって、定期的に供されるコッペパンの小麦の味わいと食感は、いわくいいがたい魅力を帯びている。

これは施設によるらしいが、コロッケや白身魚のフライといった揚げ物がパン食のおかずとして登場することが多いのも人気の理由だろう。ぜんざいや煮豆といった甘味も定番の副菜だ。さらに、たいてい2種類、ビニールパックのジャムやマーガリンがパンに添えられて出ている。副菜の揚げ物と甘いジャムの組み合わせを喜ぶコメントは複数寄せられた。組み合わせ次第で千変万化の味わいを楽しめる。

ドーパミンやセロトニンやエンドルフィンといった、いわゆる〝幸せホルモン〟の分泌量を脳内で増加させる効果があるのではないかと疑わせるほどの歓喜が、パン食によってもたらされている。それだけパンの日を心待ちにしている受刑者は多い。製粉された穀類にのみ宿る、なにか特別な魔力でもあるのだろうか（麺類にしても然りだ）。

そこまでの話でないとしても、日々の食における細やかな変化が舌先にもたらす喜びは計り知れない。

麦飯とは大きく異なる食感と香ばしさを備えたパンの生地。そこになじませた旨みや汁気、そして甘みが口内に広がる。

パン食が人気で月に６回（毎週水曜と矯正日の金曜／月２回の昼に）出ます。メインとサブのおかずとジャム、飲み物で一食。そのときに出ていたマカロニチーズが私は好きでしたが、この２年程出ていません。シチューやポークビーンズ、チリコンカンなどがパン食では好まれます。
〈徳島刑務所〉

チリコンカン

パンとの相性が良いという。
「コッペパンの下をくりぬき舟形にして、
チリコンカンを入れて」味わう。
「これ、マジ美味い」と受刑者の声。

材料（2人分）
豚ひき肉…50g
玉ねぎ…1/8個
大豆水煮…1缶（140g）
ミートソース缶…1/4缶
水…400mℓ

作り方

1 豚肉を茹でる。
2 玉ねぎをみじん切りにする。
3 フライパンに油を熱し、豚ひき肉と玉ねぎを炒める。
4 玉ねぎが透き通ったら大豆とミートソース缶、水を加え、煮立ったらアクをとって2〜3分煮る。

煮豆

甘い煮豆は「赤バト」とも呼ばれる。ぜんざいと並ぶ人気を誇る至福の甘味だ。手間を惜しまず仕込みたい。千葉刑務所からは、煮豆とぜんざいでは使われる砂糖が異なるという証言も。豆はかわいい。そして美味しい。

材料（作りやすい量）
うずら豆…100g
砂糖（黒糖、きび糖でも）…50g
塩…ひとつまみ

作り方

1 豆を鍋に入れ、たっぷりの水を加えてひと晩つける。

2 鍋を強火にかける（豆が浸水して水面から出ていたら、かぶるくらいの水を加える）。煮立ったらいちどザルにあける。

3 鍋に豆を戻してかぶるくらいの水を入れ、強火にかける。

4 煮立ったらアクをとって弱火にし、豆が柔らかくなるまで40分ほど煮る。

5 砂糖と塩を加え、味がなじむまでさらに5分ほど弱火で煮る。

パン食の時は皆、食べるのが遅くなる。それぞれ好きな食べ方があるので準備に時間がかかる（笑）。〈大分刑務所〉

材料（2人分）

キャベツ…1〜2枚
にんじん…20g
もやし…30g
カレー粉…小さじ1/2
塩…ひとつまみ
油…小さじ1

カレーソテー

ほのかな苦みがアクセントのカレー味の香ばしい副菜。揚げ物と一緒にパンに挟めばしゃれたサンドイッチの完成だ。栄養バランスも良さそうである。

作り方

1 キャベツとにんじんを細く切る。

2 フライパンに油を熱し、キャベツとにんじん、もやしを入れて炒める。

3 カレー粉、塩を入れて味をととのえ、フタをして3〜4分蒸し煮にする。

キャベツ・もやし・人参をカレー粉でソテーした物で、パンの時限定の副菜ですが、肉系の旨みが無いので少し苦味があるけど、主菜に揚げ物が出ることが多いので一緒にパンにはさむことで一体感が出て旨いです。〈千葉刑務所〉

じゃがきんとん

なめらかな芋に
バターと砂糖がまろやかに絡む。
楽しみな甘しゃりのおかず。
甘いじゃがいもは珍しいが
栄養士の心づくしなのだろうか。

材料（2人分）
じゃがいも…1個（200g）
砂糖…大さじ1
バター（マーガリン）…5g

作り方

1 じゃがいもの皮をむき、適当な大きさに切って柔らかく茹でる。

2 熱いうちにつぶし、砂糖とバターを混ぜる。

「じゃがいもきんとん」も人気があった。「つぶしたじゃがいも（マッシュポテト）にバターと砂糖」だけ。釜にマッシュポテトを入れて火にかけ、バターと砂糖を入れて、混ぜるだけだけど、少しコゲて茶色のところがおいしい。〈千葉刑務所〉

スクランブルエッグ

卵の値上がりが痛い。
めったに出ないという卵料理。
ミックスベジタブルで
かさを増やせば
たっぷりとした見た目になる。

材料（2人分）
卵…Sサイズ2個
牛乳…大さじ2
ミックスベジタブル
…1/2カップ
塩…少々
油…小さじ1/2

作り方
1 卵を割りほぐし、牛乳、解凍したミックスベジタブルを混ぜる。
2 フライパンに油を熱し、卵を流し込んで炒める。

最近では、卵が値上がりのせいか卵料理が分かり易いほど出ません（笑）。 塀の外も中も不景気です。前刑、僕は府中でしたが外人が多いため、火・木・土・日の夜は必ずパン食でした。府中はパン工場があるため美味です。〔略〕なお、府中はイラン人が多いので豚禁で牛肉が多かったです。今の施設は味付けが残念です。
〈帯広刑務所〉

パン〔カスタマイズ〕

コロッケ×チョコレートクリーム

パンの日によく出るという、揚げ物とジャム類の組み合わせ。
惜しみなく両方をパンに挟むと、思わぬハーモニーが生まれる。

ハムカツ×ピーナッツクリーム

揚げ物×○○のバリエーションは無限大だ。ハムカツに甘くまろやかなピーナッツクリームを合わせることで、ひときわリッチな味わいに。

パン食の際にハムカツが出ますが、この衣をハムから取ります。なるべくキレイに取ってください。その衣の内側にマーマレードジャムかリンゴジャムを塗り、パンにはさんで食べますと、甘いカツサンドが出来ます。サクサク感と甘みと油がとても美味で、同囚の中では人気でした。

〈宮城刑務所／元・岐阜刑務所〉

レトルトのハンバーグは袋ごと揉んでソースとなじませ、ミートソース状にしてからパンに挟むと美味しいとか。

ハンバーグパン

メンチカツ×マーマレード

豚肉×柑橘類はヨーロッパ料理にもあるおしゃれな味わい。肉の旨みをマーマレードが爽やかに引き立て、パン食の幸せがさらに膨らむ。

昔、私が配食でパンを配るとき、食い意地の張る受刑者が多いので、自分の所に入れるパンは下のつぶれたのとかをいれて文句をつけられないようにしていました。あるとき受刑者から「パンが小さい、お前の部屋のを持ってこい。でかいの入れてんだろ？」みたいなことを言ってきたので、私のつぶれたパンを持っていったら、笑顔で「あっ、大丈夫です～」ですって。もう二度と言ってきませんでしたね。その人。

〈千葉刑務所〉

ごはん〔カスタマイズ〕

プリンめし

麦飯にプリンと聞くと驚くが、おいしい甘味はごはんでカサ増し。「信じられないくらいうまい」という証言も飛び出す。

さば味噌×牛乳

「レトルトのサバミソ煮をごはんにのっけて、豆乳か牛乳を好みの量かけてmilkyにして食べる」と宮城から。

「プリンめし」&「プリン麺」そうです、ごはんにプリンをかけて食べるのです。うどんやらめんの日にスープだけ飲んでから、プリンをかけてたべるのです。信じられませんよね!!!???　しかし、信じられないくらい、うまいんです。もちろん、パンに入れるプリンパンもです。

〈宮城刑務所〉

フルーツめし

「ポイントは、冷たいごはんにシロップいっぱいの缶詰を」というアドバイス。「麦飯だから合うのかもしれません」と但し書きあり。

ヨーグルトめし

同囚の「ネパール人に何度もすすめられて」試したところ、ハマったという。刑務所内の国際交流が生んだ食のアレンジ。

スナックめし

「これは拘置所で、お菓子を買えるときにしか出来ないレシピ」と、熊本の受刑者から。かっぱえびせんを味噌汁に数秒ひたすと〝天むす〟の種に。

納豆にチョコレートやピーナッツクリームやジャムをかけて食べる人もいるし、マンゴー缶、桃缶、パイン缶、みかん缶、アロエ缶、洋梨缶、フルーツあえ缶、リンゴ缶が出ているのですが、ごはんにかけて食べる人が多いですね。パインもマンゴーもリンゴも抜群に旨いです。ポイントは、冷たいごはんにシロップいっぱいの缶詰を(麦めしだから合うのかもしれません)。〈宮城刑務所〉

ご当地メニュー

名古屋の〝あんかけスパゲティ〟といえば、ご当地グルメの代名詞的な存在だ。名古屋や岐阜の刑務所では、この〝あんかけスパゲティ〟が登場するらしい。もしかすると、富山や金沢、福井、笠松、三重といったおなじ名古屋矯正管区の施設でも作られていたりするのだろうか？

「どこの刑務所でも人気メニューだったりご当地名物的なメニューはあると思うんです。月に数回はそういったメニューが出るものですよね。懲役はそんな日が楽しみなので、今日は○○だから頑張ろうとか、今日の飯は良かったね、などというたわいない話をするものです。それがこの宮城刑務所では全くないんです！　ひとつもですよ!!　信じられます!?」という証言も届いているから、施設によって事情は大きく異なるのかもしれない。

ただし、宮城ではご当地メニューとして正月に〝ずんだ餅〟が出ているという証言もあった。言わずと知れた仙台名物である。

今回は帯広と千葉の施設から届いた証言をもとに、これはご当地メニューでは？　と思しき3品を紹介してみる。

ちなみに、札幌矯正管区が発行している『北の技から〜監獄からのたより〜』の2023年の号では、職業訓練の一環として帯広刑務所でおこなわれている〝農業モデル〟が特集されている。「農林水産省北海道農政事務所」のリリースを見ると、受刑者の社会復帰を支援する目的で、帯広・旭川・網走では農作業の実践がおこなわれているようだ。そのような地域事情もますます気になる。

名古屋刑務所はレトルトも多く、ハンバーグもパックに入った物も多くありましたが、今は２〜３ヶ月に１回ぐらいです。最近やたら多いのはチキンボールで、１カ月に３〜５回は出ます。〔略〕人に聞くと北に行くほどメニューはいいと言いますが、どうですか？　私は２回とも名古屋刑務所なので。大阪は朝からパンでコーヒーと言っていました。　〈名古屋刑務所〉

材料（2人分）
卵…1/2個
牛乳…100㎖
砂糖…大さじ2
小麦粉…大さじ1

カスタードクリーム

帯広刑務所からの報告。
牛乳の産地、北海道ならではの一品。
収容人数が比較的少ない施設
だからこその贅沢かもしれない。
至福の甘さを大皿で味わう。

作り方

1 ボウルに卵黄と砂糖を入れて泡立て器でよく混ぜる。小麦粉をふるって入れ、さらに混ぜ合わせる。

2 沸騰直前まで温めた牛乳を少しずつ加え、泡立て器でよく混ぜ合わせる。

3 鍋を弱火にかけ、とろみがつくまでヘラで練るように混ぜ合わせる。

令和5年8月2日(水)昼、パン、カスタードクリーム、コンソメスープ、ブロッコリサラダ、ピーナッツクリーム(ジャム)、牛乳。

カスタードクリームは帯広の炊場の手作り、大皿で提供される！ 帯広の値打ちの一品。

〈帯広刑務所〉

キムタクごはん

こちらも、おなじく帯広から。
〝キムチ〟と〝たくあん〟で
合わせてキムタク。
心憎いダジャレが効いた
ご当地というより、アイデア賞⁉

材料（2人分）
麦飯…2膳分
キムチ…大さじ2
たくあん…6切れ

作り方

1 麦飯の上にキムチとたくあんを盛る。

社会に法律があるように、刑務所の中でも遵守事項、決められたルールというというものがあります。遵守事項を破りますと、入独（工場で作業から、１人部屋にて作業）をし、取り調べをして懲罰か無罪かとなります。懲罰となりますと、朝、朝食終了後から、夕方、作業終了時間まで、独居部屋で扉の方を向いて、正座か安座で懲罰の期間ひたすら座っていなければいけません。懲罰の間、書籍は一切入らず、私物は生活必需品（歯ブラシ、歯ミガキ粉など）しか入らず、テレビもラジオもありません。〈東北の某刑務所〉

材料（2人分）
あじ…100g
ねぎ…2cm分
しょうがすりおろし…少々
しそ…1枚
とき卵…小さじ1
味噌…小さじ1
砂糖…ひとつまみ
油…少々

さんが焼き

千葉の郷土料理〝さんが焼き〟
あじ、いわし、さんまなどを
細かくなるまで切って叩いて、
香味野菜と合わせて焼く。
収容人数の多い千葉刑務所でも
手のかかるご当地料理が登場。

作り方

1 あじをみじん切りにする。ねぎのみじん切り、しょうがも加えて包丁で叩きながら混ぜる。

2 しそのみじん切り、とき卵を加えて混ぜる。味噌、砂糖で味をととのえる。

3 小判型にまとめ、油を熱したフライパンで両面を焼く。

私は他所の施設は東京拘置所しか知らず、東拘から熊本に来て食事を口にした時は、あまりにも美味しくてビックリしました。その当時（平成16年）は全ての量が多くて毎回満腹でした。〔略〕他施設から職業訓練で移送されて来た人達もとても美味しい！と喜んでいますし、受刑回数の多い人達に聞いても熊本が一番美味しいと口を揃えて言います。〈熊本刑務所・20年目〉

「薄味」と「甘しゃり」

ひとくちに「刑務所」といっても、そこにはさまざまなカテゴリーが存在している。たとえば、犯罪傾向の進んでいない者なら「A指標」、犯罪傾向が進んでいると判断されれば「B指標」と処遇指標が分かれる。女子であれば「W指標」、日本人と異なる処遇を必要とする外国人は「F指標」、禁固受刑者は「I指標」、執行すべき刑期が10年以上なら「L指標」だ。そのほかにも疾病や障害の有無、年齢などの要素によってJ／Y／M／Pと細かく分類されている。そして、宮城刑務所に送られるのは「M／P／LB／B」の受刑者たち、横浜なら「F／LB／B／FJ／A」、大阪は「F／LB／B」、熊本は「LB／B」、千葉や岡山は「LA／A」といった具合に振り分けられる。

本書のアンケートの回答者は、その多くが俗に「LB級」や「LA級」と呼ばれる施設に収監されている長期受刑者たちだ。当プロジェクトが支援する会員にその指標の受刑者が多いためである。というわけで、30代から60代までを中心とする幅広い年齢層の会員たちから回答が寄せられることとなった(少数だが20代や70代も交じっている)。施設で長い歳月を過ごしてきた人々でなければ持ち得ない実感が、手紙の端々から伝わってくる。10年、20年といった時代の移り変わりに照らして刑務所の食事情を回想するような記述も多くあり、その時どきの世相と重ねるとイメージが膨らむ。食の記憶は鮮やかだ。

どこまでも単調で不自由な日々のなかで、食の持つ意味は大きい。「美味しい」と感じる食事について語る受刑者の言葉は、とても生き生きとしている。熊本のある受刑者は「ナスの豚炒り」が好きだという。「大釜で作るからか、豚の油をナスがしっかり吸い、濃い味になってご飯がすすみます。私はご飯にかけて、味が薄くならないように、混ぜずに丼の状態で食べるのが好きです」と、濃い味付けを喜ぶ。

しっかりと味のするレトルト食品はどの刑務所でも人気だが、「この頃の物価高のせいかおかずが少し変わってきており、特にレトルト物が減ってきているのがとてもさみしい」といった声はあちこちから届く。「私たちの食事は税金によるものなので、あまり贅沢は言えないと思っておりますが」と頭ではわかっていても、やっぱり寂しい。

長期受刑者の多い施設は高齢化の問題を抱えているためか、減塩化を嘆く声が目立つ。特にここ5年ほどは、どんどん薄味になっているという。「一般水準の5分の1くらいの塩味」のおかずは、つまり「ほとんど味のしないものばかり」で、空腹なのに食が進まず、献立によっては残飯が大量に出てしまうこともあるようだ。「刑務所に懲らしめ殺されてしまう」という悲痛な叫びも聞こえてくる。魚は「とにかく生臭い」という。火は基本的に使われずに蒸気式の大窯で調理するため、仮に〝〇〇炒め〟と名付けられた献立であっても水気の多い料理に仕上がり、味がさらに薄まる。そのうえ芋類などは大釜で混ぜ合わせる過程で原形を失い、ほぼペースト状になっているという証言もある。「ですので忠実に再現するならペースト系の煮付けにしてください」と、これは宮城の受刑者からのアドバイスだ。「大きなスコップで約600人分を混ぜ合わせます」というのだから煮崩れるどころの話ではないのだろう。

そのような食生活の毎日にあって、いわゆる〝甘しゃり〟の魅力は絶大だ。ぜんざいや煮豆が喜ばれているのはすでに紹介したとおりだが、カボチャのマッシュ、カボチャの甘煮、カボチャのカレー、カボチャサラダ、カボチャスープなど、カボチャを使ったメニューの多さに驚く。冷凍カボチャの供給が安定しているためかもしれない。「野菜はほとんど冷凍のカット野菜」という証言もあった。さつま芋甘煮やさつま芋グラッセといったメニューも好まれるようだが、施設によっては「甘煮は輪切り2枚」という分量だそうだ。

「私たち受刑者は、とにかく甘い物に飢えています」と、力強く訴える受刑者もいる。入所以前は甘いものが苦手だったのに、服役中にすっかり甘党になってしまうことも珍しくないようだ。塩と比べ、砂糖はたっぷりと使われている印象で、あるいはそれでカロリーを稼いでいるのではないかと疑いたくなるほどだが、甘いものが喜ばれるというのであれば、それはそれでバランスがとれているのかもしれない。

定番中の定番である〝きな粉〟の魅力も、その甘さにある。麦飯と混ぜるのが一般的な食べ方だが、なかにはマカロニと和える〝きな粉マカロニ〟が大好きというコメントもあった。「懲役にとってサイコーのあまいあまいデザート」で、「団子のような食感を楽しむ」という。

これは誰もがやっているわけではなさそうだが、祝祭日菜のクリスマスケーキをコッペパンに挟むことでボリュームを増やすというのも生活の知恵だろう。プリンだって麦飯と混ぜ合わせれば、その甘さを長くたっぷりと味わえる。ちなみにプリンパンも人気だそうだ。

ハレの日

クリスマス

2023年にはついに「クリスマスケーキが出なかった」という刑務所もあったらしく、受刑者もさすがに危機感を募らせたようだ。ケーキをパンに挟んで増量するという裏技も、刑務所では「あるある」だとか。

クリスマスには肉料理。過去には「鶏の半身揚げ」など景気のよい料理が出ていたという驚きの証言もあったが、こちらは2023年の某刑務所の献立を参考にした「コッペパン、チキンソテー、ほうれん草の炒め、小倉餡、コーンクリーム、ショートケーキ」のクリスマスメニュー。

クリスマスの夕食はパンで、ケーキが出るので、パンにケーキをはさんで食べます。量が増えた感じがしてお得感があります。刑務所あるあるだと思います。

〈千葉刑務所〉

レトルト食品は袋ごと給与されるため「高齢の受刑者は開封に苦労していた」との証言が、元受刑者からあった。天津丼とビビンバをどう合わせるのかは疑問だが、それよりもまず、この一年を振り返る。大晦日だけは消灯時間も遅く、テレビも深夜まで観られる。

大晦日

千葉刑務所より2023年の大晦日の献立。「天津丼(レトルト)、豚肉とブロッコリーの炒め、ビビンバ」という三点セット。年末年始は炊場の作業も減るため、レトルト食品やカップ麺のチャンス。日ごろの薄味に耐えている受刑者にとっては楽しみなシーズンだろうか。

【獄中句】 筆置きぬ理由としては秋の雨
味噌汁の一際かほる今朝の冬
無期刑やゆめと知りつつ夢はじめ
【獄中歌】 今年最後の出荷迫りぬ週末に思いもかけぬ面会の父母

〈大分刑務所〉

正月ごはん

正月には、お菓子がどっさり振る舞われる。物価高で「正月の菓子が減った」という証言もあるものの、それでも非日常な量のお菓子が味わえる。また、正月のみかんは貴重な生の状態だ。菓子類は三が日で食べ切る決まり。そこを越えると没収となる。

元日の昼食には、雑煮など正月らしい料理が出る。高齢の受刑者が多い刑務所では、喉に詰まると危ないからという理由から、餅が出なくなったところもあるようだ。ここでは、代わりに出されたという〝芋餅〟を再現。

年越しそばも海老天からかき揚げとなり、栗ご飯やちらし寿司といった季節物も今は見かけません。正月の餅は芋餅となり不人気です。物価の高騰で量や数の減ったメニューもあり、名前とはだいぶ違うものが出ます。 〈千葉刑務所〉

写真は、元旦の〝おせち料理〟の証言にもとづく、やや豪華な再現イメージ。容器のサイズは「17cm×17cm」とかわいらしい。内容はどんどん簡素化しているようで「野菜のみのおせち」だったという施設もあれば、「正月なのにおせち料理なし、おもちもなし、みかんもなし」という施設もあり、大変だ。

おせち

【獄中歌】「横向くな！」そんな命令されたって薄紫の空が呼ぶんだ
真夜中を長き貨車行く音聞けば北のふる里想いは募る
暴力の嵐過ぎ去り見上げれば月皓皓と我を照らせり　——ＤＶ被害の頃のことです——
「また今度会いに行くね」と書かれたる娘の文読みて輝く夜更け

〈笠松刑務所〉

〃お菓子〃という快楽

受刑者は、刑務所の外の世界を「社会」と呼ぶ。社会の側からすれば、いくら想像力を逞しくしたところで計り知れないのが刑務所の日常だ。

だからこそ、真偽の怪しい裏話のようなものがまことしやかに囁かれたりもするのだろうし、また事実として刑務所の内情を聞けば心の底から驚かされたりもする。ただし、その事実にしたところで施設や分類によって多様に異なり、また個人的な体験や主観に応じて語られる話もさまざまであるため、やはり謎に包まれた世界ということになる。

たとえば、今この瞬間おなじ熊本刑務所にいる受刑者たちの〃カレー〃に関する証言を並べてみても、「シャパシャパでおいしくない」という不満もあれば、「しっかり辛くて旨味があり、スキー場や海の家どころか下手な喫茶店で出てくるものよりおいしい」といった感想もあるのだ。同囚や刑務官との関わりについても、驚くほど異なる証言が飛び出す。

意見や実感は個々によって大きく違うし、罪と向き合う意識や更生への意欲についても、誰ひとりとしておなじではない。記号的に〃受刑者〃といってひと括りにできないのは、社会で日々を営む人々が多様であることとなんら変わらない。

さて、そのような前提を踏まえた上で、これだけは確かだといえるファクトがいくつか確実にある。

そのひとつとしてあるのが〃お菓子は嬉しい〃ということだ。

刑務所においても社会においても、カレンダー

まず、類とは5類・4類・3類・2類・1類とありまして、皆、5類から始まり半年間、無事故で生活をしますと3類になり、月1回、決められた￥500以内のお菓子とジュースが食べられます。（略）2類は月2回決められた￥500以内のお菓子とジュースが食べれます。（略）3類から2類になりますと月5回だった手紙の数が2類になると月7回になったり、面会の回数が増えたり優遇措置が増えます。

〈東北の某刑務所〉

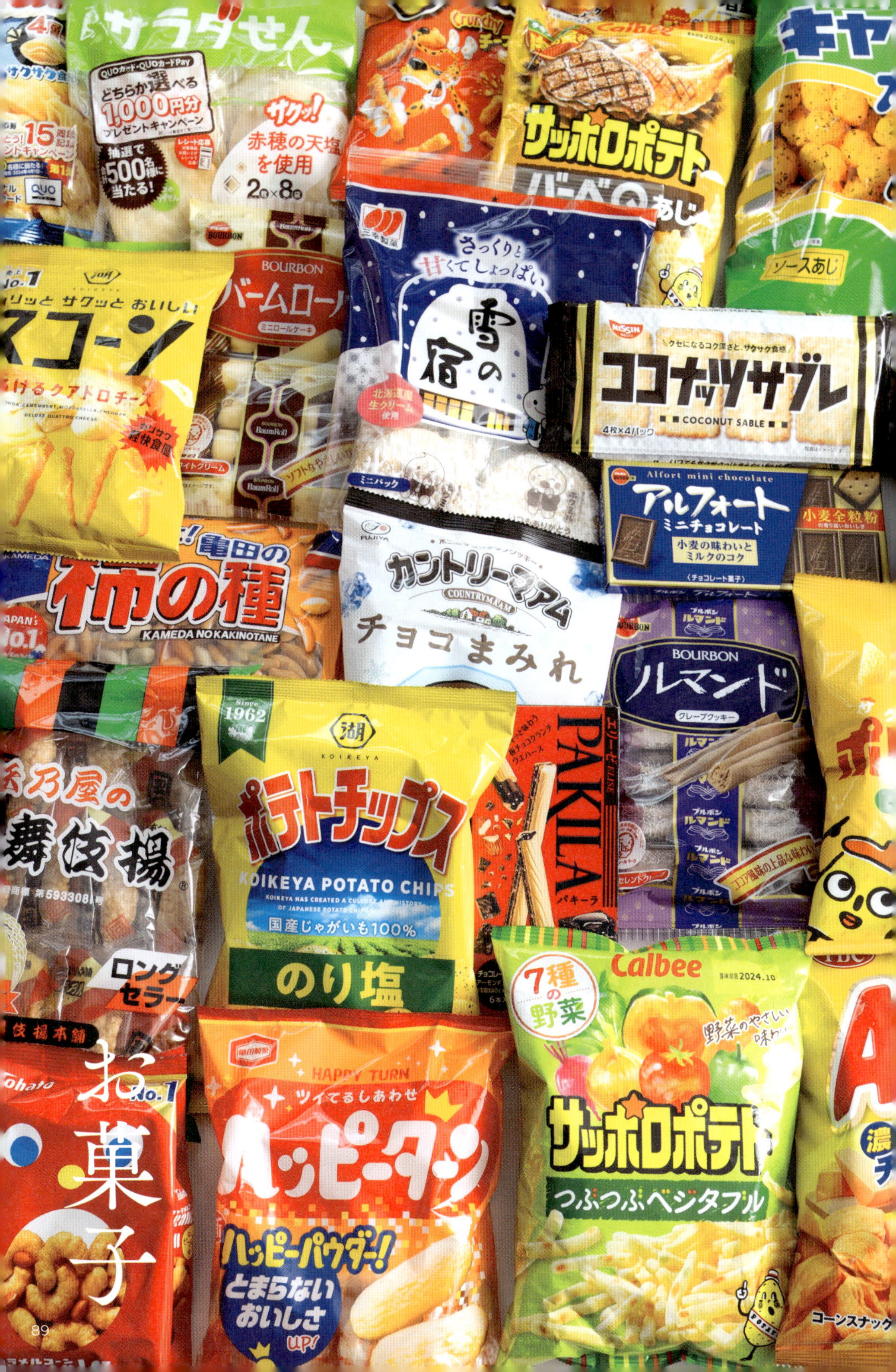
サラダせん
QUOカード・QUOカードPay
どちらか選べる
1,000円分
プレゼントキャンペーン
抽選で合計500名様に当たる!
サクッ!
赤穂の天塩を使用
2枚×8袋
Crunchy
サッポロポテト
バーベQあじ
Calbee
ソースあじ
BOURBON
バームロール
ミニロールケーキ
スコーン
さっくりと甘くてしょっぱい
雪の宿
北海道産生クリーム使用
ミニパック
ココナッツサブレ
クセになるコク深さと、サクサク食感
COCONUT SABLE
4枚×4パック
Alfort mini chocolate
アルフォート
ミニチョコレート
小麦の味わいとミルクのコク
(チョコレート菓子)
小麦全粒粉
亀田の
柿の種
KAMEDA NO KAKINOTANE
FUJIYA
カントリーマアム
COUNTRY MAAM
チョコまみれ
BOURBON
ルマンド
クレープクッキー
歌舞伎揚
ロングセラー
Since 1962
湖
KOIKEYA
ポテトチップス
KOIKEYA POTATO CHIPS
国産じゃがいも100%
のり塩
PAKILA
パキーラ
エリーゼ
7種の野菜
Calbee
野菜のやさしい味わい
サッポロポテト
つぶつぶベジタブル
HAPPY TURN
ツイてるしあわせ
ハッピーターン
ハッピーパウダー!
とまらないおいしさ
UP!
Ohato
コーンスナック

お菓子

どおりに祝祭日が訪れる。その日が来れば「祝祭日菜」と呼ばれる特別食が刑務所で供される。クリスマス、年末年始（12月29日～1月3日）、そして誕生日といった大きな記念日にも、それぞれ特別な食事が出される。それら特食の一環として菓子類も給与され、喜ばれている。運動会などの一大イベントに際しても菓子類は待望されているし、さらに服役態度が評価されている模範囚であれば〝集会〟という毎月の定例イベントへの参加の機会が設けられており、そこでは菓子類の購入が認められている（受刑者は評価よって1～5類に分類され、集会や面会の権利などが細かく区別されている）。

今回のアンケート調査では項目のひとつとして〝菓子類〟についての問いを設けた。

受刑者としての日々を描いた回想録や漫画、映画や小説などから、たとえばブルボンの「アルフォート」や山崎製パンの「スイスロール」、東ハト「キャラメルコーン」、亀田製菓の「ハッピーターン」、不二家の「カントリーマアム」、カルビーや湖池屋の「ポテトチップス」といった定番の人気商品があることは漠然と知っていたが、いざアンケート結果を見てみると、言われてみれば確かにというロッテ「コアラのマーチ」、ジャパンフリトレーの「チートス」、ヤマザキビスケットの「エアリアル」、三幸製菓の「雪の宿」などなど、数え上げればキリがないほどの菓子類が回答として寄せられ、総意としてまとめあげることは不可能だと分かった。上記意外にも森永製菓、日清シスコ、ギンビス、やおきん、名糖……と、菓子メーカーの名が勢揃いする。とはいえ年間を通じて、味わえる機会は数えるほどだ。

とろける甘さのチョコレートと食感の良いビスケットの組み合わせ、舌と胃袋とを刺激する塩味と旨みのハーモニー、そのような贅沢が私たちにどれほどの快楽をもたらすのかを改めて思い知ら

夏季の「森永 チョコモナカジャンボ」（2019年8月15日）や「日清シスコ ココナッツサブレ 20枚入」（2020年8月10日）、「東ハト キャラメルコーン 80g」（2021年1月11日）、「ギンビス しみチョココーン 70g」（2021年5月5日）あたりが質も量もあり、満足でき、有り難みもありました。ただ最近はこういった品はあまり出ません。
〈千葉刑務所〉

される。そしてそれゆえ、施設内では菓子をめぐる揉め事もないわけではないらしい。

給与される菓子は施設によって、またその時どきによって異なるが、厳しい制限の課された受刑者にとって、非日常を象徴するものであることは確かだ。

寄せられた回答をまとめながら、ひとつ気になったのが不景気による製品の価格上昇と小型化・少量化だ。

予算は限られているため、価格がちょっとでも引き上げられれば購入できなくなる商品は多い。あるいは購入できたとしても小型化されていたりする。

菓子類にかぎらず、日々の食事が年を追うごとに貧しくなっているという刑務所の様子は、まるでこの不景気な社会の合わせ鏡の拡大版だ。

本書の冒頭で述べたように、予算の調整と物価上昇のバランスは釣り合っていない。これはなにも刑務所という特殊な環境に限られた話ではないだろう。受刑者の訴える菓子類の値上がりや小型化、少量化、そしてそこに生じる危機感や不安を目の当たりにすれば、それが〝炭鉱のカナリア〟の悲鳴ではないかとも思えてならない。


正直、受刑者の一番は食べる事だと思いますね！ １ヶ月分のメニューは工場と居室に配布されていて、毎日のようにメニューの前に行く人が多いですね（笑）。

〈岡山刑務所〉

不人気メニュー

焼き鯖

焼き魚についての苦情は多い。「硬い」「生臭い」「塩気がなく味がしない」など、ネガティブなコメントが並ぶ。蒸気式の調理器で過熱する過程で臭みが増すのだろうか。せめて醤油でもあれば誤魔化しも効くのだろうが、減塩対策で醤油がつかないという刑務所もあるようで、とにかく不人気。昔と比べ、魚の種類も激減したとか。

焼き魚も今は鯖だけです。以前はほっけ、鰆、鮭、さんま等バラエティーに富んでいたものです。予算の関係でしょうけどね。
〈大分刑務所〉

豚とブロッコリーの炒め

ブロッコリーも冷凍であれば、調理の過程で水が出やすい、柔らかくなりすぎて崩れる、味が落ちやすいといったデメリットばかりが強調されてしまうのかもしれない。「ブロッコリー、わかめ、ひじきは、20年で一生分を食べたと言っても過言ではない」という証言もあったが、それもまた不人気の理由だろうか？

昨今の物価高のせいで、同じクズ肉でも「牛」とつく料理は全てメニューから消えた。豚肉は１～２mm厚さで10円玉大きさのクズ中のクズ肉になって、鶏肉に至っては絶対娑婆ではお目にかかれない肉加工所での加工過程中にできたカスを掻き集めたもの。小さいものはごま二粒ほど、大きいものでも1円玉より小さい。しかもパサパサで挽肉より無味無汁。もはや大きめなアク状態です。刑務所料理を再現する上で一番のネックは多分その肉類を捜すことではないかと思います。　〈千葉刑務所〉

イカと里芋の煮物

数百人から千人以上という分量を大釜で蒸せば、芋やカボチャなどの煮崩れは避けようがない。煮崩れが美味しさにつながる料理（たとえばP45の「いとこ煮」など）もあるが、合わせる食材によってはマイナスの効果になってしまうことも多いだろう。この料理では「さながら離乳食のよう」な状態の里芋が、イカの生臭さをまんべんなく吸ってしまっているようで、これは確かにそそられない。

社会で食べたものはサトイモがコロコロとし、出汁をしっかり吸っていて美味しいものでしたが、滋賀刑務所で出てきたものはサトイモが大釜でドロドロになってしまっていて、さながら離乳食のようでした。味はイカの生臭さが強いだけ。
〈滋賀刑務所〉

こんにゃくと豚肉の炒め煮

材料だけ見れば「たけのこ・こんにゃく・しいたけ・豚肉」と、美味しそうなイメージが湧く。しかし、そうは問屋が卸さないのが刑務所の現実。「甘いばかりで旨みがない」ということで、残飯の量も増えてしまうとか。もちろん薄味。炒め煮と名のつく料理は全般的に「味がうすくてごはんが進まない」といった苦情が多い印象。でも〝豚とカボチャの炒め煮〟は美味しいという証言もあった。

宮城刑務所も減塩食（約５年くらい前からでしょうか）になったことで、体調不良（色々な症状です）や体重減が多くいて「刑務所に殺されてしまう」という不満やクレームが出ています。肉体的、精神的苦痛な食事で、正直、かなりの人が参っています。

〈宮城刑務所〉

人気メニュー・不人気メニュー

本書の取材を目的としたアンケート調査の質問項目のひとつとして、「日ごろ楽しみにしている献立」を訊ねたところ、各地で安定して人気が高かったのが〝カレー〟である。

おなじカレーといっても施設によって内容がそれなりに異なるようだが、人気の理由はなんと言っても、ひと口でそれと分かる〝味〟だろう。もちろん、なかには「水っぽくシャパシャパ」とした「カレースープのようなイメージ」で好きになれないといった意見や、「カレーがおいしい施設が少ない」といった不満もあったが、そこは個々の好みと捉えるしかなさそうだ。それくらい「やっぱりカレー」という声は数多く寄せられた。

ある程度、期待どおりのものが安定して食べられるというのが魅力なのかもしれない。施設によって異なるが、毎週月曜日の昼であったり金曜の夜であったり、どこでもおおむねペースを乱さずカレーが献立に加えられている。昼食であることが多いが、夕食にもそれなりに登場している。

各地のメニュー表に並ぶカレーの種類をここに並べてみようと思う（なかには過去には出されていたが現在は出なくなったというものも含まれている）。

チキンカレー／鶏肉とブロッコリーのカレー／ビーンズカレー／うずらカレー（うずらの卵だろうか？ 個数の分かりやすい〝数物〟が入った料理は揉め事の火種となるため、配食係の緊張感が増すらしい）／挽肉とナスのカレー（ナス料理はそれなりに人気だ。良い食感があって味や油を吸うからではないだろうか）／挽肉カレー／ポーク

当所の調理工場では揚げ物は一切なく、月２回ほど外注ですから、冷えてかたいでのです。レトルト食品もワンパターンです。全てに於いて味がうすい。朝の魚、そば・うどんの時のフルーツは全て缶詰で、フレッシュフルーツは一切出ません。

〈横浜刑務所〉

カレー／キーマカレー／ナスのキーマカレー／ごぼうと豆のキーマカレー／バターチキンカレー／夏野菜と鶏肉のスープカレー／生揚げカレー（やや不人気という声も）／ビーフカレー（今は出なくなったというコメントも）／トマトカレー、そしてもちろんカボチャカレー、エトセトラ……

さまざまな具材で簡単に印象を変えられ、バリエーションの幅をもたせることができるというのも利点なのだろう。なかにはドライカレーや夏季限定のフルーツカレー（リンゴ・パイン・バナナ等の入ったカレーが過去に出ていたという証言があった）といった、なんだか手の込んでいそうなメニューが出される施設もあり、興味が湧いた。

また、ソーセージカレー炒め／鶏肉とブロッコリーのカレーマヨ炒め／カレーソテー／鶏レバーのカレー炒め（これは不評の声もあったが……）／カレー南蛮うどん／マカロニカレー汁／カレーミルクスープ／カレー風スープといった、カレーの風味を活かしたメニューの登場頻度もそれなりに高いようだ。最大公約数的な美味しさが、カレーという料理には宿っているのかもしれない。

そして〝揚げ物〟が嬉しいという声もとても多かった。揚げ物といっても冷凍食品を蒸気窯で温め返したものである場合が多いようだが、（今ではすっかり回数が減ってしまったという証言もある）唐揚げや、パン食の副菜として加わるコロッケ、メンチカツ、白身魚のフライなど、どれも喜ばれているようだ。ただし、揚げたてでサクサクとした香ばしいものが出されるわけではない（そのような施設もあるのだろうか？）。「冷えていて固い」というような訴えも複数あったし、やはり刑務所風ということになってしまうのだろう。だが総合すると、淡泊な食事の多い刑務所にあって、油分をまとった揚げ物は、やはり貴重なのだ。

〝パン食〟や〝甘しゃり〟の人気が高いことについては他のコーナーで触れているのでここではあ

先月中旬、当所で食中毒騒ぎがあり、10日間ぐらい外部の仕出し弁当となりました。不謹慎ですが、この10日間は本当に最高でした。やっぱり娑婆の飯はうまい。中身は俗に言う「茶色の弁当」でしたが、茶色の物があまり出ない刑務所ではとても有難いものでした。私が一番感動したのは朝食にパンとコーヒーが出た事。これは社会では当たり前ですが、ここでは奇跡です。〔略〕ウインナーも丸々1本食べたのは何年振りだろう。なんか変なことばかり書きましたが、笑わないで下さいね。　〈某刑務所〉

えて重ねて論じない。

外の食事と遜色ない味付けを楽しむことができる〝レトルト食品〟についても同様である(ただし、不景気と物価高の影響で登場回数が減ったことを嘆く回答が多く寄せられたことは、ここに強調しておいてもいいほどかもしれない)。

喜びをもたらす何かがあれば、その喜びをとにかく最大化しようとするのは人の性《さが》だ。受刑者も当然のことながら例外ではない。「必要は発明の母」という言葉もあるように、とにかく限りあるリソースを味わうことに受刑者たちの関心とクリエイティビティは向けられている。

先に紹介したアレンジレシピなどはその分かりやすい例といえるが、工夫はその食べ方のみに限られず、たとえば刑務官に見つかれば懲罰必至のリスクを冒してまで食材(たとえば〝きな粉〟や〝マーガリン〟など)を隠し持つといった行為に留まらず、容器を使って食材を発酵させることでアルコールを醸造しようとする人も少なからずいるようで、そのようなチャレンジャーが懲罰送りになったという証言もひとつならずあった。

限りある食材を活かしてより高い充足感を得ようとする工夫は、料理や調理といった、古《いにしえ》より続く人の営みにおける基本的な態度そのものとはいえないだろうか。規則を重んじるのが大切であるのは間違いない、しかし、ことが「食」に及べば本能としての欲求が創造力をかきたて、抗いがたい衝動が胃袋の底から湧き上がってくるというのも、いかんともしがたい人間の性なのかもしれない。

想像に難くないが、食料を他者に受け渡すことも懲罰の対象となる。そのことで受刑者同士の力関係に不均衡が生じてしまいかねないからだ。しかし、その懲罰のリスクを冒してもなお、おかずの一品を賭けた勝負がこっそり繰り広げられたりするようだ。たとえばテレビ番組を見ながら次に

料理するのに火を使えず、蒸気で過熱するから、炒め物も煮物のように水分たっぷり、野菜は全部しなしなで、肉はかみ切れないほど固い。

〈千葉刑務所〉

登場するのが女性か男性かを予想する、それだけのことでも賭け事は成立する。もちろん、刑務官に見つかってはならないというルールが大前提としてあるだろう。

さて、不人気メニューを挙げれば、それこそキリがない。アンケートの質問として、「刑務所の内と外で、味や印象、見た目の異なるものは?」という問いを立てたが、結局これが不人気メニューを数多くあぶり出す結果となった。

刑務所の不人気メニューについて、あえて論じることは不毛である。そう思わされるほどに苛酷な食環境が、やはりそこにはあるのだと思う。

宮城は減塩食(強制ダイエット)による体重減や体調不良者が各工場に非常に多くいます。このあいだ健康診断があって、医師にめまい(貧血など)、動悸(息切れなど)、目がショボショボし頭痛(目の奥など)が毎日酷いということを相談し、また減塩食になってから約8キロ痩せてしまい体調が悪いと伝えました。
〈宮城刑務所〉

受刑者からの手紙

「最近の物価高によって急激に悪化」

「刑務所メニュー」について」

どこの刑務所でも人気なのはやはりパンの日です。中でもおかず的な煮豆(うぐいす豆と呼ばれる青緑色の豆を甘く煮る)は王道メニューです。パン(コッペパン)の上部分をスプーンで掘り凹型にくり抜き、中にマーガリンやチョコクリーム、ピーナツクリーム(小袋で20g以下)が日によって1種～2種類出るのでそれを入れてから、おかずの煮豆をスプーンで穴合なすを切って豆を入れて食べるのが人気です。最近は出なくなりましたが(物価高で)「手まきとん+マーガリン」も超人気メニューです。「ハムカツ+ピーナツ」がチョコクリーム、「チーズin野菜サラダ(酸っぱいソース系)+ブルーベリージャム」。宮城は「5本入りウインナー」(味はプレーン、チーズ、はちみつ・ペッパー・バジル)をパンに挟む時、個別にりんごジャムかいちごジャムを挟むのもありました。また、「肉団子甘酢煮」や「ハンバーグ」を挟むのも人気でした。また、以前は「カップ麺」(月1回)が出た時、しょうゆラーメンにおかずとお湯を入れ、3分したらお湯を捨ててから、しょうゆ味のペースト(本来はお湯に入れる)を和えてまぜそばにするのも美味しいのです。

宮城でだって人気だったメニューは「酢豚風」「メンチカツ」(味噌風味)「とん(たまご+あんかけ)」。

また、刑務所では定番は朝の「きな粉」をゴハンに掛けて食べるのも王道です。

宮城は昔正月に正月のお菓子類と別に1日に二の折として「赤飯」「どら焼き」「○○まんじゅう」のような和菓子が出て人気でしたが、これも出なくなりました。また、正月のお餅も高齢者がのどに詰まらせるのを防ぐとして無くなりました。最近の物価高で「ハンバーグ」「焼肉」「カレー丼」などしんしんも、飲み物などが高いものや「プリン」「ヨーグルト」なども出なくなり、特別食(祝日菜)のお菓子や集会のお菓子、正月のお菓子もだんだん中身や品数が減っています。また、宮城の名物の行事など(ソフトボール大会など)で出る「ロールケーキ」も昔は1人で長さが15cm近くあった「ヤマザキ スイスロール」が食べられたのが、年々短かくなり、数年前に長さ10cmを切り、ちっちゃくになり、今年は3つ切(1つ約4cm位)に。

刑務所では1日1人当たりの食費(平均500円前後)が施設ごとに決まっており、経理の業者さんや特別食などでも1人あたりと決まっている。これは作業報奨金によっても同じく生産によって決まっている。だが昔と比べてもあまり増えておらず、最近の物価高によって急激に悪化しているのが見てとれる。私はかつて体重が58～60kgで、宮城の食事(A・B・C食)[A:立ち作業、B:工場の座り作業、C:居室内作業]で、A食の時は57～58kgあった。しかし最近は体重が51～52kgしかなく、C食の時と同じだ。つまり、メニューのカロリー表示が以前と同じだが、おかずの量や質が悪化したから体重が減ったとわかる。また、物価高で[品目のみになった]ハンバーグ、プリンなど。(以前のおかずの量がパッと見て100g以下になった(物価高の影響))

[出なくなった]「牛丼・カレー丼・焼き鳥・肉団子・酢豚・ブルーベリー・チキンソテー・カップ麺・カップ焼そば」(又は年に1回くらいに激減。以前は1ヶ月に数回～年に1回など出ていた)など多数ある。ほんとに

集会の菓子は人気はチョコ系で「ルマンド」「カントリーマアムチョコまみれ」「ブラックサンダー」系、チョコケーキなど、しょっぱい系は「エアリアル」「プリングルス」「ハッピーターン」「揚一番」などがよく、「JOYPACKシリーズ」もよい。他は安いので外れ。また、ふんわりバウムや菓子パンなども出る。あとは「ポッキーシリーズ」も多い。バームロールも人気がある。今は定価なので、どうしても飲み物が1缶151円とするので、必然的に菓子が減ってしまう。ポテチも「ベビースター」より、カルビーやプリングルスなど数入りの方が良いのだが、「ヤマザキナビスコ」や「ヤマザキ製菓(不二家・東ハト)」の商品が多い。これはエームサービスになって以降、一時期日用品の納品をヤマザキの工場経由でヤマザキのトラックで配送していたので、何らかの縁あるのだろう。初期の頃にはミルキーバンク(コーヒー牛乳)がホットで出たのだが、消費期限が短く持たないのが出たのだった。(笑)人気も事情もたいがい定価で売れるのだから押し付けてくるのではないかと思う。お菓子も自分で選べないので、飲み物は2種類から選ぶがコーヒーと他2つなので、コーヒー嫌いな人は実質2種類だし、ほとんど乏しい。また、おしるこなど変な物も多い。飲み物について改善されている。

「連日30円のキャベツ太郎、バカにしてる。」

NO1

僕は、拘置所が「滋賀刑務所」で約1年間。分類で「大阪刑務所」に8ケ月間。今、「大分刑務所」で約3年半となるので、各刑務所での食事等について述べます。

●日頃楽しみな刑務所のメニューについて

滋賀刑では、1ケ月に1回ら2回出る、「非常食の」リッツ（クラッカー？）を揚げて、砂糖を多くまぶした「揚げリッツ」と年始に出る冷凍の「漬けマグロ」のレトルトが良かった。（刑務所では生ものは出ませんので。）

大阪刑では、平日毎朝パンなのですが、チヨコチップパン。ドライフルーツパン。他等が美味しく、（大阪刑でパンを作ってるらしく）コッペパンに、チヨコチップ、ドライフルーツ等をねり込んで作ってます。また月、水、金は、どんぶりサイズのおわんに、ブラックコーヒー。ミルクティー。ココア。他等が出て、火、木はパックジュース、フルーツオレ、

NO2

カフェオレ、イチゴオレ、バナナオレ、ミルクティー、他等が出ます。

大分刑は、食事の味は良いのですが、他刑より量が少ないので、レトルトのハンバーグ等が良いです。クリスマスの日だけ出る、鳥の半身揚げは美味です。

●菓子について。

滋賀は年末に出た「菓子のつめ合わせ」で、中身は、カントリーマームの大袋、板チヨコ（を2かけらずつ）小分けにされた物の大袋、ぽたぽた焼大袋、ハイチューの大袋が入ってました。最高でした。

大阪刑では、ミスタードーナッツのハロウィンのポンデリングが出て美味だった。

大分刑は、年末の、黒糖棒の大袋と、（リスカのしっとりチヨコマッチャ味）ですね。逆に最低だったのは、年末大分で、連日30円のキャベツ太郎、芋が出た事です。バカにしてる。

●所内の食事にまつわるエピソードについて。

大阪刑は累犯刑で長期の人も多く（組員も居

「断トツ不人気メニュー……3歳児が作った様なセコい味」

[大分刑務所 での 食事メニュー、のせておきます]

(レアメニュー)「とり天」「フライドチキン」「目玉やき」

(レギュラー人気メニュー)「白身魚メンチカツ」「ミートソース麺」
「ぜんざい」「週①カレー(ビーフ、チキン、ポーク、魚肉、その他)」

(不人気メニュー)①「鶏のしょうが焼き」②「ちくわ天丼」③「ビーフン炒め」
①はスーパーの鶏もも肉の細切れ一人前60g位で、普通の定番メニューで
②ミートせんべい、塩辛さも→お弁当の様でいけない。
③見た目は→ただの、干ロ。味も、悲しくなるほど 食べてしまう…。

「ぜんざい」は正月メニューです。大分では、滅多にないが、正月は毎日④も出ます。上白糖を加えた、「とろろ、ぜんざい」が毎日も人気で、作り方もたいして、ただ味に差が付きます。(謂味合除)カレーも、ドロドロ系が人気◎です。

特に「カレー」の水っぽい日は→「シャバシャバ カレー」と言って、作り手の腕が分かります。大分刑では、日曜日に、予算の関係上で比較的安くなったのでしょうが、「カレー」には、非常食用の「パン(乾燥用)」を加えて、調理しているので、シャバシャバには ならないですが、それでも水分調整で失敗の日が稀にはありますが…。

[有名無実な、なんちゃってメニュー]↓
⑧「鶏の山賊焼き」…本来は山口県のもので、1枚肉を使って胡椒を効かしたイカした肉料理らしいのですが。当所のは1枚肉どころか→(あまじおの、ゆで鶏ミンチ肉)なので、全くスカスカで食べ応えゼロの、もどきな品が出来上がる始末です。
⑤「トマト玉子炒め」…とにかく、食べ応えゼロで、中華どころか副菜としてもボリューム感がない、断トツ不人気メニューです。玉子も炒めるというよりかき混ぜた感じで、味も3歳児が作った様なセコい味で、いっちょ上がりで出る日曜の夕方は みんな絶句してます。

「お弁当箱の一番小さい部分に1センチ角ほどの物体」

前略。

先日は、本を（節華上、下）送って頂きありがとうございました。現在、大河ドラマの「光る君へ」が放送されていて、私も毎週、楽しみにして観ています。「節華」もさっそく読み始めています。


一緒に送られた、アンケートについて回答します。

・日頃、皆様が楽しみにしている献立／メニュー
①パン、②小倉煮 ③カボチャ、エンドウ豆のバター煮
④ぜんざい ⑤ストロボフ風 ⑥豚肉のしぐれ煮
⑦家常豆腐 ⑧ドライカレー ⑨カツ丼風 ⑩マカロニきな粉

・同様に、お菓子類のなかで最も好きな物
①しっとりチョコ、キットカット（小袋入り）など（支給されるもの）
②私達で購入する嗜好品の中では、
黒棒、エアリアル、山崎（ヤマザキ）の小袋入りロールケーキ。

・食事にまつわるエピソードや感想
①麺類は出るのですが、全部、汁気のない、混ぜる物ばかりです。
②赤飯は6～7月くらい前まで出ていましたが、無くなり残念なことです。赤飯といっても以前は、ゴマ塩（小さなパックに入った物）が別に付いてきていたのが、最後の方は、ゴマも塩も赤飯の中に混ぜてしまっているので、塩味が全くしない、残念な赤飯でしたが。
"畑のお肉"というものがあり、プヨプヨして、気持ちの悪い食べ物が、大きな塊をしてあっちこっちに入っています。

・同じメニューのはずなのに、味も触感、見た目が違い過ぎるもの。
ダントツで2月14日のチョコレートケーキです。昨年はクリスマスにケーキがなく、残念と思っていましたら、2月14日にチョコレートケーキとあり、全員楽しみにしていました。ところが、お弁当箱の一番小さい部分に1センチ角くらいの物体があり、その上にチョコレートソースのようなものがスプーン1杯くらいかけられていました。あまりのギャップに全員、びっくりして、言葉もありませんでした。

今年のおせちにもびっくりしました。おせちといえば、数の子とか、エビとか、煮物などが入っているのですが、野菜の煮物のおせちでした。炒り鶏とか、野菜の含め煮のようなものばかりでした。一応、黒豆と栗きんとんは入っていましたが本当に、びっくりしました。

「職員も〝ここの飯は娑婆より旨い〟」

ー宮崎刑務所ー
1位．鰻メシ　2位．ディスクエカレー　3位．豆ごはんです。
以上のメニュー全てを入れた刑務所旨飯ランキングは、
1位 宮崎刑務所の鰻メシ　2位 北九州医療刑務所の
昨年飯．3位．北九州の おぐら煮の宮崎刑務所の
ディスクエカレーです。
全件町・トーナルで有名に旨い刑務所飯は．北九州は全件町に
1位が北九州医療刑務所です。
娑婆に近い味で普通にお金を払っても食べたいくらい
ごぶる食事が多かったです。でも、私は北九州では
炊事工場で作業をしていたのですが、とにかく、手間暇が
掛かって大変でした。又、職員も、ここの飯は娑婆より
旨いと一様に言っていました。
2位．宮崎刑務所で、宮刑は全件町 呼び名が濃いので
量も一番多かったです。
3位．東京都刑務所です。東刑は質も量も揃っていたと
思います。私は、北九州医療刑務所、東京都刑務所、
福岡刑務所では、炊事工場で作業をしていたので
それぞれ旨いと思ったメニューをノートに記して、帰ってから
家で作って食べてみたいですが、年数が経ち過ぎて、作り方は
…忘れてしまいました（涙）淋しすぎるね。

でも、宮崎刑務所のディスクエカレーは、新年に作れて、
旨いので、私も何度か娑婆で作って食べました。周りも
「旨い」の一言でした。見た目普通のカレーの材料に
はちみつを、ディスクエに代えるだけですが、少し甘めになって
入れてあげると美味しいと思います。
でも、人それぞれ好みや味覚、年齢の違いで
あるので、一概とは言えません。

主に、刑務所で生活していると、新鮮な料理、質より量
という思いになりますが、東京では、質も量も落ちていて
ストレスで朝夕の刑務で落ちる一方です。（涙）
以前、福岡刑務所で食べた、秋刀魚のお寿司。
しめ鯖ですが、久しぶりのしめ鯖は、とても旨かったと
今でも印象に残っています。これは娑婆で食べようと
思って探したけど、どこにも無く、残念食べてません。
このしめ寿司は、本当に旨いので、ぜひ、食べて欲しいです。
(3) 刑務所内の食事にまつわるエピソードや思い出等……と
ありますが、これはエピソードというか食べて疑問に思った
メニューですが、かぼちゃのカレー味だったか、カレーかぼちゃ
だったかを忘れましたが、見た目はどこにでもよくある
かぼちゃの煮物ですが、一口食べたら、かぼちゃのカレー味。
(?) 私は、かぼちゃという食材は甘くて美味しい
食べ物と認識していますが、食べたら、かぼちゃがカレー(?)
カレー(?)(涙) 何これ珍百景です。このメニューはこごで

殺しています。本当に不味かったです。が そのメニューは
その時の一度っきりで 無くなったようです。恐らく
給食委員会で苦情が殺到したのか、人気が無かったのかは
分かりません。それと、先日、新メニューで出されたメニューが
サバ缶とかぼちゃの旨煮です。これも私からしたら邪道な
メニューです。かぼちゃの甘味は一切感じられず、サバ缶の
生臭さが強くて、とても不味かったです。
(4). 同じメニューのはずなのに、刑務所の内と外で味や
印象、見た目が違い過ぎるものは…(?)と、ありますが、
私的には内で食べるマーボー豆腐が刑務所独特の味で
これを食べた時は、あ～刑務所だーと思うのは私だけ
でしょうか。(?) マーボー豆腐は、何処の刑務所で食べても
独特で同じ味です。あと、焼き魚は、どこの刑務所でも
生臭くて不味いです。全く人気がありません。でも内と
外では食材が違い過ぎるから仕方ないのかなって
思います。刑務所側は安くて多く…ですからね。
でも、食材が多少悪くても、料理の仕方で多少は美味しく
できるのでは と思う今日この頃です。
ここからは、私が知る刑務所飯、めうめうレシピを幾つか
ご紹介します。先ず、月に6回程度出るコッペパンを
半分にちぎり、パンの中をむしり出して、パンに出来た穴に
ぜんざい(出来るだけ豆だけ)を入れたら、懲役アンパン
同じ要領で、プリンを、振って解して、パンの穴に入れたら、
懲役プリンパンです。あと、朝でる きな粉を お茶に
入れて混ぜたら、きな粉ココアです。
それと、これは、拘置所で未決でお菓子が買える時にしか
出来ないレシピですが かっぱえびせんを、朝の味噌汁に
一握り入れて、ふやかし、数秒後、かっぱえびせんを、
ご飯の上に乗せたら天むすになります。あと、ルマンド、
キャラメルコーンを、ちょっとつぶして、パンに挟んで食べたら
サクサクして、とても旨いです。このレシピは多少の味は
想像できると思います。恐らく このレシピは余り
知られていないと言うか、誰も知らない裏メニューレシピ
だと思います。良かったら、ぜひ一度、試して欲しいです。
それと、懲役では、鶏肉と豚肉しかです。牛肉を使った
メニューはありません(涙)
それと、昔、食べた記憶があるのですが、すっぱいひじき
と、すっぱいサンマです。昔、見た瞬間、頭の中で
クエスチョンマークの渋滞の列が出来ました。なんとなく
食せず、味が分かりませんが 一応一口、頂いたら、
ゲロゲロ。やはり期待通りで裏切ることはなく、残りは
残飯と成りました。正直、懲役のメニューというか、飯は、
こうして摩訶不思議なメニューというか、食材の組み合わせが
悪いというか、何これと思うメニューが本当に多いです。
とても残念です。もっと食材を上手く活かして美味い食事を
提供して欲しいですね。文句ばかり言って済みません(笑)

「さながら離乳食。見た目以上に離乳食」

パンやぜんざいの甘いおやつでも、できあいのものでもなく、刑務所の炊場で作られているメニューなら、熊本刑務所では、ナスの豚炒りです。これは豚肉とナスを味噌で炒めただけのものですが、量もたくさん入っていないのですが、大釜で作るからか、豚の油をナスがしっかり吸い、濃い味になってご飯がすすみます。私はご飯にかけて、味が薄くならないように混ぜながら、丼の状態で食べるのが好きでした。

○刑務所内で提供される食事の中で見た目も味も好きなもの

祝日に出るもののケーキならロールケーキ。日頃ケーキらしいものが食べられないので、20cmくらいの大きさで満足できるものです。食堂で出てくるものならハードビスケットです。味も見た目も好き、と言うわけではなく、刑務所で初めて食べるとそれほど悪くない味もよく、なかなか噛みごたえのあるものが少ない刑務所の中でしっかりかめるのもポイントが高いです。量も多いので満足です。

○刑務所内の食事にまつわるエピソード

どこの刑務所も同じだとは思うのですが、多少メニューから消える、減るなども、何の告知も一切ないところです。熊本刑務所では、私が入所した時にはうどんやソバと七味が付いていたものがなくなり、コロッケに付いて来ていたソースもなくなりました。冷めてパサパサのコロッケにソースが付かないと食べ辛いものはありません。

もう一つは栄養士のセンスによってメニューの立て方がむちゃくちゃになることです。熊本刑務所では、パンの日にマーガリン、シチュー、牛乳、チーズ、牛乳の組み合わせが何度も出ていました。全て乳製品で本当に栄養バランスを考えられているものとは思えないものになったりしていました。カレーにご飯がなくパンが入っているのに付け合わせのサラダがポテトサラダなど、炭水化物過多です。現在2024.3.1も続いています。

○同じメニューのはずなのに全然違いすぎるもの

滋賀刑務所で出ていたイカとサトイモのうま煮です。社会で食べた時は、サトイモがコロコロとし、形もしっかり残っていて美味しいものでしたが、滋賀刑務所で出てきたものは、サトイモが大釜で煮るものですからドロドロになってしまっていて、さながら離乳食のようでした。味は人参の甘さが強いだけで見た目以上に離乳食のようでした。

「から揚げや焼魚に、しょうゆはつきません」

「朝」「納豆」と「鮭缶」のくり返しです。たまに「とりそぼろ」や「大和煮」がでます。セットでは「のり」「佃煮」「きなこ？」「たいみそ」「ふりかけ」が定番です。外の人はきなこをどうするの？と思うかもしれませんが、ご飯にかけるのです。（私はいけます。）みそ汁は「ねぎ」「たまねぎ」「大根の葉」「小松菜」「チンゲンサイ？」「ニラ」など葷物が多く「わかめ」や「なす」はレアです。（正直、葷っぽは合わないのでやめてほしいです。）炊場にいた人の話では減塩のため、みそやだしは半分とのことでした。

パンは月に6回です。基本夜しかでません。ちょっと昭和の給食にでたパンを思いだします。ジャムやピーナッツクリームなどがつきますが、月2回のレーズン入りのときは1つです。飲み物は牛乳、野菜ジュース、乳酸菌飲料（よくコンビニにもあるふたのアレです。）オレンジジュースなど。主食はコロッケ2個、魚フライ2個、ぜんざい、シチュー（クリーム）、「ミートボールのケチャップ煮」が定番です。副菜には「キャベツのソテー」「ミックスベジタブル」「野菜炒め」などちょっと貧弱な感じの野菜が定番です。毎回これらが組み合わさってでてきます。

めん類は工場で作業のある日の昼で週に1、2回ほどでます。量がある分B・C食の人（座業の人）は朝と夜のご飯（麦米）が減らしてカロリー調整されるのでお腹がすくようです。私も若い頃はきつかったですね。めん類は「きつね」又は「たぬきうどん」、又は「そば」。「カレーうどん」は人気ですがレアです。他に「ツナサラダ入りうどん」という キャベツとツナのマヨネーズ和えが入るうどんもあります。また、ミートスパゲティ、ラーメン（みそ・しょうゆ）、冷し中華、やきそば、塩やきそば、ジャージャーめん、冷麦（オクラ・キムチ入）、冬はかきたまうどんや鶏肉入りうどんが今は主流です。あと年に1回位とんこつラーメンがでます。昔より半分位、数が減りましたね。たらこスパゲティやクリームスパゲティなんてのも過去にはありました。

あげるものが組み合わさってでてきます。一部には「酢豚」と「パイン缶」のようにかならずセットになるものもあるのでその場合はセットで書きます。とくに千葉では「もっと合うサラダがあるじゃない？」と声をあげる人もいるのですが栄養士さんのこだわりがあるとかないとか。炊場の受刑者が手の掛かるメニューは面倒だからと今ではかなり人気メニューが減りました。減塩のせいもあり、料理に入れる「調味料は半分位」にすると施設の味に近くなると炊場経験者は語ります。

また外の料理とは同じメニューでも中身はかなり違うことがあります。たとえば「焼肉」は豚肉ともやしとたまねぎをゆでたもので汁物に近く。「チンジャオロース」も豚肉を（3cm×0.5cm位の細切り）にして、ピーマンとたまねぎ、竹のこと水煮（ゆで）を調味料でゆでた感じとなっており、外の料理とはだいぶ違います。高齢者が多いからか肉はすべて細切りで鳥肉はもうフレークになっています。（高いからか牛肉はまずでません。）衛生のため野菜はすべて火を通すことになっており、おひたしなどでもすべてゆでてあります。チャーハンはまぜご飯に近いですが夏は作る受刑者が暑いと文句を言うらしくまぜご飯は冬限定です。人気はカレーなど味の濃い物で味のうすく量の少ない煮物は不人気ですね。「豆腐と野菜の炒め煮」というのがワースト1位でしょうか？ コンソメ味っぽい汁にごま油、しいたけ、にんじん、たまねぎ、豚肉が入っていますが「豆腐がインスタントの合成たんぱくっぽい豆腐がいまいち」、「味がうすくてご飯がすすまない」、といった意見が聞かれます。なお、から揚げや焼魚にしょうゆはつきません。せめて魚には何かつけてくれという人は多いです。

「社会で生活している人達の生活が……」

パンの時の人気メニューは
・ぜんざい・煮豆・小倉あん・
・(冬限定)鶏肉と野菜のシチュー・
が人気があります。
何年か前は
カツカレー・タラコスパゲティー・ビーフストロガノフ・
タンドリーチキン・インディアンスパゲティ・など出ていましたが
消えてしまいました。
・ふく菜では
カボチャのマッシュ・カボチャと小豆煮・うぐいす豆・うずら豆
さつま芋の甘煮・さつまいもスティック・と・あまい物が
人気があります。
・ふく菜でも・人気で消えてしまったメニューがあります。
・牛乳寒天・[redacted]コーヒーゼリー・ココアゼリー
・フルーツヨーグルト・
こまひまかけて・作る物が段々と無くなってきて
おります。
飲み物も・コーヒーやココア・紅茶は粉類から
ちゃんと作っておりましたが・今はパック物でしか
出なくなりました。又・鳥インフルエンザの影響で
卵料理が今は・まったく出なくなりました。
社会で生活している人達の方々が優先的に供給
されるべきだと思うので出なくてもしょうがないと思います。
又・つい最近のニュースで今度は豚熱というのが
九州の佐賀県で出てしまいけっこうな豚さん達が
殺処分されてしまいました。こういった時に刑務所の人達は
だいたい刑務所で出せばいいじゃんと言っております(笑)
鶏インフルの時もけっこうな人が言っておりました。
ただ・豚肉の[redacted]生産量は・九州地方だけで全国の30%以上
になるので・これ以上豚熱が拡大しないことを
願うばかりです。卵[redacted]や鶏肉みたいに値上がりして
しまうと社会で生活している人達の[redacted]生活がもっと
苦しくなってしまうので拡大しないことを願うばかりです。
又・ロシアとウクライナの戦争が一日も早く終わり・円安も
110円位までに落ちついてくれれば・コロナ前の生活水準
まで戻る可能性がり生活も少しは[redacted]楽になってくれる
のではないかと思っており・早くおさまってくれることを
願うばかりです。
外で生活していないので自分が仕事をして稼いだ
お金で・家賃・水道光熱費・食費などをやりくり
していないので本当の苦しみがわからないので
栄養管理された食事をもらい雨風をしのげて・
テレビも見られる生活をしており・なんだか外の人達に
申し訳なく思ってしまいます。
自分が社会復帰できたら・ボランティア活動などで
社会に恩返しをしていきたいと思っております。

「人に物をあげてはいけない。もらうのもダメ」

ぶどうパン・チョコレートパン ・チーズパン・マンゴー
パンと、ランダムに出ます のこりの(水)(木)・はコッペパン
です。コッペパンは(イチゴ・ブルーベリー・りんご
マーマレード) です。これが2つづつ出ます。
私は(パンよりゴハンですので いつも半分食べて
半分はのこします パンはおやつです(笑)
あと(月)はカレーの日ですつまは(チキン・ポーク・
チーズ・ナスカレー・ウインナー)です あと(ひき肉ミンチ)
です。→ キーマカレーも月に一回くらいあります(豆とミンチ)
(ウインナー)最近やけに多くなりました これもつまみの
ちがうのが多いです
●(スクランブルエッグ)→これも多くチーズのつまとか
同じのばかりですまちがいです。これなど(目)1コを使わないの
少しはお金がなるすかります ●私はりょうりをしてましたので
●あと カラアゲ3コ・白身フライ・アジ揚フライ・あと
すごくかたいアゲジューシマイ・アイギョウザです・オムステーキ
もあります チキンステーキ風もありますが とてもカタイです
まだありますがこれくらいにしときます。
●おかし です。
たまにでます(あこせ屋のりしおのり)あと10日に必ずでる
キャラメルコーン(マウンと少ない)がでます あとは大ぶりの
入ったのあと。小分けにした物。水ようかん。です。
おそらく ここでは冬は乾燥も。チョコレート系が多く
夏はスナックかし、などが多いです。あと乾燥も
以前は2種類は一種類・3種は2種類でしたが今は
2、3種類でも2つになりました、

タンサンとジュースに分かれて、2つ選べましたが、
今は、タンサンは、少なくなりジュース・コーヒー・こう茶が
多くなりました ちなみに今日3月8日(金)の金会は
トロピカーナ250mlとWチョコバームクーヘン(6コ入り)です
490円でした。私は2週間なので月に2回くえます
あと以前はすべて500円でした 2、3種類もでます
しかし、あの件いらい全部が484円とか、ちゃんと
はすうまでするこまかいお金になりました。私も
以前はピッタシ500円はおかしいと?思いました
それが急にはすうの出る金がくは おかしいと思いませんか?
すみません話がそれました。
●同じメニューなのに外と中ではちがう名前です
ナポリタンやきそばです。メニューはやきそばでますはナポリタン
まあまあすきです。あと今月は(カレーやきそば)が新メニュー
で出る様です。あとちくぜん煮・すき焼き風
(ブタ)・です。肉じゃがの肉なしウインナーじゃがえは
ベーコンじゃががあります。
●あと食事のエピソードです。
人に物をあげてはいけない、もらうのもダメです。
私は、パンはキライです。ごはんが多くのるが、
よいです。ここではメンの日は平日だけ
ゴハンが少ないです。当然、昼めし No. 84
夕めしと1日3回が少ないです。ちなみに三食では
メンが2コ入り、ごはんは多いになります ごはんが
少ないのはないで、夕はんにごはんナシでメンが2つです
三食はこうちょうですが三食は刑務所っていつていました
刑務所の刑務所です。

「火力不足のため炒め物は全部水気たっぷり」

が、知っての通り、刑務所のメニュー名を当てに、その料理を再現させる事は不可能でしょう。一つはメニュー名と実物の不一致、もう一つは食材ですね。刑務所で使われている肉や、魚は（惣菜も含む）、おそらく娑婆では売ってないでしょうし、たとえ売ったところで、こんなもの、誰も買わないでしょう。それを踏まえて、少しでも判かるように、簡単な注釈をしてみました。長くなって、7枚の便箋では一カ月分を書き切れないので、二回に分けてお送りします。今回はその前編ということで、更に共通したものを前置きとして書いておきます。

- 先ずは朝食にある魚類の缶詰は、全部配食しやすいように、汁ごと握り潰して、ぐちゃぐちゃにしたものです。懲役は自虐的にそれを〝猫のゲロ〟とたとえている。量はスプーン1杯分。
- 炒め物や煮物に使われている肉類は、昨今の物価高騰の影響で、更に質が悪くなって、豚肉は1円玉か、大きものは10円玉の大きさのくず肉。鶏肉に至っては、ゴマ二粒分のものから、大豆の半分程度の大きさしかなく、もはや肉とは呼べないレベルです。明らかに加工の過程でできたカスをかき集めた、売りものにならないものですので、再現は不可能かと思います。
- 火力不足のため、炒め物は全部水気たっぷりで、煮物と大差ないです。よって〝炒め煮〟という奇妙な料理名がつく物も少なくありません。
- 副菜は殆どが惣菜、そして、おそらく刑務所専用です。なぜなら、こんなマズいものを、娑婆で売ることはあり得ないです、一回食べたら、二度と買わないだろう。
- 7月から9月は、一応夏メニューですので、特に麺類、夏以外出ないものが多いです。

9/1
朝：鰹のフレーク缶、梅のふりかけ（1袋）、ほうれん草のみそ汁
昼：鶏肉とニンニクの芽炒め（6割のニンニクの芽と3割強のもやし、少しの鶏肉のカスの塩味炒め）
白菜キムチ（細切りスプーン1杯分）、
春雨中華風サラダ（堅い春雨と人参の細切りを、甘ったるい酢で和えたもの、惣菜）
夕：パン（2、3日前に焼いたのか！と思うほどパッサパサのコッペ
食べたあと畳みにカスがいっぱい落ちる）
煮豆（三分の一がうずら豆、三分の二が汁、片栗粉でとろみをつけてる甘いもの、割りと人気がある）
豚肉と野菜のソース炒め（キャベツとピーマン少々、そして10円玉豚肉2～3枚のソース味炒め）
ジョア（プレーン）1本、いちごとりんごジャム各小袋1袋。

9/2
朝：納豆（1パック）、味付けのり、もやしのみそ汁
昼：ポークカレー（ジャガ芋と人参、豚肉5～6枚。カレーは人気メニュー）
キャベツゴマドレッシング和え（生野菜は出ないので、サラダ系は全部茹でたもの、当然水分だらけ）
福神漬け
夕：広東風野菜炒め（なぜ広東風？キャベツともやしが殆どで、木くらげ少しと〝豚肉〟3～4枚、若干のとろみ）
小松菜と人参の中華和え（ゴマ味だけで〝中華和え〟かな？
マンゴー缶（フルーツ缶はみんな1.5cm角切り、15粒ほど

9/3
朝：さんま蒲焼き缶、かっぱ漬け（3～5枚）、豆腐のみそ汁
昼：チンジャオロース（2cm長さの豚細切り少しと、主にピーマンと竹の子の薄切り缶詰、青椒肉絲とは全く別もの）
キャベツ生姜和え（キャベツと人参の薄切りのすりおろし生姜和え
ビタミンゼリー1個（市販品）

「一緒にパンに挟むことで一体感」

○「日頃、皆様が楽しみにしていらっしゃる刑務所内の献立/メニュー」

「豚肉茄子中華炒め」豚肉が多く茄子等の野菜が入って食べごたえが有り、少し甘辛いので好きな一ぴんです。

○「ミートソーススパゲティ」玉ねぎの適度なシャキシャキ感と、人参の甘み、挽き肉の旨《うま》みのバランスが良くて好きです。

○「回鍋肉《ホイコーロー》」私は長ネギ(生の薬味)でアナフィラキシーショックになった事が有り、火が通っていれば大丈夫なのですが、医務から長ネギ禁止となっているので、他の受刑者と違って長ネギが入ってきませんが、私の分は一人前だけ別に作られてキャベツが煮込み過ぎずシャキシャキして甘く、肉も多く、ココでは珍らしくクミンと唐ガラシが効いて味が濃くて美味しい一ぴんです。

○「挽き肉生揚げカレー」他のカレーも美味しいですが、具が玉ネギ・人参・挽き肉・生揚げで、生揚げは味が表面に付くだけですが食感も良く、他の具材が少し緩めのドライカレー風でピリ辛・甘みと風味良く、生揚げでボリュームも有り美味しくもっと出して欲しい一ぴんです。

○「ポトフ」玉ネギ・人参・大根・フランクフルトの薄切りで、塩味ベースで野菜やフランクフルトの旨みで優しい味付けですが美味しいですが、フランクフルトが多く入ってる時はラッキーです。

○「チキンソテー黒コショウダレ」チキンは小さいですが、黒コショウダレが辛味が効いていてご飯が進む一ぴんです。[illegible]の「鶏肉照り焼き」も甘みが強く旨《うま》いです。

○「鶏肉大豆炒り煮」トリニク・大豆・人参・長ネギ(禁食の為ナシ)で、しょう油ベースに唐辛子でトリニクの油とで甘辛でトリニクが少しパサつくけど、旨《うま》いです。禁食の為、別盛りで届くので冷め易く冷めて油が固まって少し味が落ちるのが残念ですが、温かければもっと旨《うま》いはずです。

○「チーズ洋野菜サラダ」カリフラワー・ブロッコリー・人参・角切りチーズをマヨネーズであえたサラダで、カリフラワーはコレでしか使われず、チーズとマヨネーズと野菜がとても旨《うま》く副菜ですが、ハムやベーコンを加えれば主菜でも行ける一ぴんです。

○「カレーソテー」キャベツ・モヤシ・人参をカレー粉でソテーした物で、パンの時限定の副菜ですが、肉系の旨《うま》味が無いので少しにが味が有るけど、主菜に揚げ物が出る事が多いので一緒にパンに挟むことで一体感が出て旨《うま》いです。

○「刑務所内で供されるお菓子類のなかで最もお好きな物(銘柄など)」

○「名糖 アルファベット チョコレート」正月休みの量も揃ってチョコ好きなので一番好き。

○「ロッテ チョコパイ」量は少ないけど、ブランデーが効いた大人の一ぴんで好き。正月休み。

○「ブルボン チョコダイジェスティブビスケット」外に居た時に好きだった物ですが、全粒粉のビスケットが旨《うま》かったが、24年振りに食べたが物価高の影響か1枚の大きさが小さくなってとてもビックリしましたが、やっぱり旨《うま》かった。今回の正月休み。

○「三幸製菓 三幸のサラダせん」塩味とサラダ油の風味で手が止まりません。

○「三幸製菓 雪の宿サラダミルク味」サラダせんに甘いミルクがかかって甘じょっぱくてやっぱり手が止まりません。

○「かぶき揚げ」甘辛で手が止まらない子供の頃から好きでした。

○「ヤマザキ スイスロール」以前7年位運動会の定番品でバタークリームとあっという間にデカイのに動いて疲れた身体も嬉しい一ぴんでしたが、出なくなって残念でしたが、21年正月休みで久し振りに出て最高でした。

○番外編で「良味100選」シリーズは当たりが多いです。ビスケット・せんべい・ポテチ・チョコ・かりんとう等色々有り、量もそれなり有り旨《うま》いです。

「ほとんど味がなく正直すごくまずい」

次に刑務所内の食事レシピの料理本も出版企画、について正直受刑者の一番は食べる事だと思いますね！

一カ月分のメニューは工場と居室に配布されていて毎日の様にメニューの前に行く人が多いですね(笑)。

○日頃皆が楽しみにしているメニューについては

※まずはパン食ですね。月に6度。ほとんど回数は変化なし。
コッペパンに副食として揚げ物やサラダが付きます。飲み物としてはコーヒーが一番人気。ココア、紅茶、牛乳、ミルクティー等 6度の内2〜3回はコーヒーですね。冬はホット、夏はアイスと使い分けています。ほとんど週末ですが皆楽しみですね。塗り物はマーガリン、ジャム、ピーナッツクリーム、チョコクリーム等。一応バラエティにとんでいます。6度に1度はレーズン入りパンですが、コッペパンは何十年と一緒ですね！

又月に一度はぜんざいですね。(パンと共に)

※次に人気と言えばカレーですね。ただ辛い物好きと年寄りは辛すぎると言ったりして月に3〜4回出ますがビーフ、ポーク、ひき肉カレーと少しずつ違うのですが味はほとんど一緒です。
私個人的には香辛料が強すぎると思うのですが人気です。

シチュー関係もハヤシ、ビーフ、コーン、クリーム、あさり等とバラエティに富んだ物でカレーと合わせて月に8回程出ます。

まあまあ人気ですね！

※次に麺ですかね。一応うどん、ラーメン、そば、スパゲッティ
うどんだけでも肉、きつね、しっぽく等。夏は冷やしうどん等
他の麺も少しずつバリエーションがありスパゲッティに関しても月によって違う味です。ナポリタン、しょうゆペッパー、たらこ、ほうれん草とベーコン、ミートソース等ですね。
焼きそばや焼きうどん等もあり夏場は冷麺とか、冷やしうどんになります。

※御飯物では、ちらし寿し(3月3日)汁物がついたりしてとてもおいしいけれどこれは年に1回ですね。

※副食では揚げ物が人気です。コロッケ、白身魚のフライ
豚カツやメンチカツ、チキンカツこれは結構出ますね！
鶏肉とさつま芋の甘辛煮、又は揚げ煮、さつま芋のオレンジ煮、炒めビーフン、肉じゃが(韓国風がおいしい)
ちくわの磯辺揚げ、鶏肉の南蛮炒め、鶏肉の甘酢あんかけ等人気です。

※毎月御飯は味を変えて出る事があります。赤飯や豆御飯
チキンライス、チャーハン、梅じらす御飯、山菜御飯、カレーピラフ等
季節物もありますが
人気メニューと言えばこの位ですかね。まだまだあるのですが、まあこういった物が人気ですね。只レトルト物も月に2〜3回出ますがとても味は良い。中でも焼き鳥、鶏のつくね、ミートボール、豚焼肉丼

○お菓子類について
※何と言ってもチョコレート物が人気です。
今回の年末年始の物は好評でした
○バラエティアソート2838　6種類のものが入ったもの。
○ゴールドチョコレート
前回は　○あっさりショコラ　○生チョコ仕立て
この三種袋入りチョコは人気です。
他　○キャラメルコーン　○シガーフライ　○ココナッツサブレ
○バタークッキー　○黒糖かりん糖　等が人気です。
当所の食事について一他の施設では減塩処遇がある所と無い所がある様ですが私は減塩処遇で汁物等ほとんど味がなく正直すごくまずい。たまにレトルトを食するとてもおいしい（笑）血圧は120〜140位ですね。最近70歳以上になると少々血圧が高くても減塩解除にする傾向がありますね。私は当所に25年以上居るのですが主食、副食の量がとても変わり少なくなって来ました。揚げ物でも数が減って行っている物や小さくなって来ています（予算の関係でしょう）
○同じメニューのはずなのに刑務所の中と外の違いすぎる点、は、
※たまにレトルト物を食べるととてもおいしい例えば豚丼と名打ったもの等レトルトは少しだけでも食べて満足出来そうな味ですね。牛丼等もチョット味が違いすぎますね

「今ではどっぷりはまってしまいました」

・楽しみにしている献立は、ミートソース、毎月1日の夕食に出る、白玉3つ入っているぜんざい、パン食の時に出る煮豆、ひき肉なすチーズ炒め、フライものが好きで楽しみにしています。代表してこのメニューです。
・お菓子類の中で好きなものは、ポリンキー、キャラメルコーンが好きです。
・食事にまつわるエピソードは、受刑者の中には工夫して創作している方もいます。パンの時は、ジャム又はバターが出るのですが、煮豆の時は、バターがついてくるのでコッペパンを半分にして半分の真ん中をわってバターを入れ、煮豆を入れてあんぱんのように食べます。残りの半分は、プリン又はヨーグルトを入れて食べてます。
日曜日には、きなこ1袋が出ます。麦ご飯にかけて食べるんですが美味です。

ぜんざいにも、麦ご飯を入れて食べると美味しいです。

きなこも、ぜんざいも、初めは、ご飯を入れたり、ご飯にかけたりなんて……と刑務所に来た当初は思ってたのですが……今では、どっぷりはまってしまいました。
・最後に味や印象、見た目が違い過ぎるものはでは、ショウガ焼、ユウリンチなどは　ロース肉、鶏肉がどんと使用されているのではなく細切れになったお肉を使用されていて味付けは、ショウガ焼、ユウリンチの味にはなっています
毎日3食頂けるだけでも有難いことですよね……。刑務所は高齢の方も多く喉につかえないよう工夫もあると思います。そういう方用にフードプロセッサーでペースト状にしたり、細かくみじん切りにしたりしたものも用意されています。

「本当にありがとうと伝えたい」

【お菓子類】
(No.1)(森永)ミニガトーショコラ(8コ入)(チョコパイ似人の.ミニサイズ.ケーキ)
(No.2)(ギンビス)しみチョココーン(サックサク食感KINGのチョココーンスナック)
(No.3)(エスベーカリー)スティックバームクーヘン(キャラメル)(キャラメルの甘さが.絶品)
名城は チョコ.チョコ菓子ばかりです。チョコクリームとしては
文句なしですが.重複しまで.あきまかです。
中ではとくに施設では.揚げ物と甘味品が大人気です。
そしておもしろいのがラレンジめしや.かけ合わせグルメです。
社会の人が見聞きしたら気持ち悪がられるのもあるんで?尼が
ありますよ。例えば大好物の.【納豆×まるごめし】
これは納豆にまるごとまぜてごはんにのせてたべるものです.スーパー
駄菓子めしです。どこまでもノスタルジーで.どこまでも甘い。背徳的旨さ
です。北海道や青森や新潟では納豆に砂糖を入れて食べますから!
決しておかしくないですよね。心から旨いです。おすすめします。
それから,【プリンめし】と【プリン麺】😊そうです。ごはんにプリン
かけてたべるのです。うどんやらーめんの上にスープだけのんでから,プリン
かけてたべるのです。信じられませんよね!!!!??? しかし.信じられない
くらい.うまーんです。もちろん.パンに入れるプリンパンもです。
これは外にもあるように.絶品です。これがめしは賛否あるけど.
麺は.今までたべるかったことも悔やんだほど.旨すぎます。もう1つは.
プリン餅.プリン餅パンです。

以前は.お肌が汁粉につけて出ていたのですが.(今は出てくるかった)お肌を
ソーパンに挟んで.プリンも挟んで食べると.至福の旨さなんです。
あんこもお肌もパンに挟まないでも.絶品で人気でしたね。こんなのまたいずれ
僕の口です。目もめっぴらくほどおいしいものが.こんなたべ方で
あるのかと.ただただ驚くばかりですよ。味覚がバカになっている
のも否めませんけどね(笑)【ごはんにヨーグルトかける.ヨーグルトめし】
目の前で見た時は気持ち悪かったですよ.初めはね。ネパール人がやって
たのを見て.何度もすすめられて.ひと口たべたら.ごれっ!?んっ!?って
傑作で.ところがたべすすむと完全に旨くてハマり。南国ではナチュラル
なたべ方なんですよね。所変わればってやつですね。汁粉をごはんにかけるの
もんてふつうですし.おはぎもチックでね。更にまるごとかけたりね。【板チョコをごはん
にのっけてミックスしてたべるチョコめし】これが一番ハマりやすいかもね。チョコは
多いほど.おいしいですね。私が背徳的だったのが.【栗きんとん×餅】
正月に出た栗きんとんの栗とペーストの甘～い部分と乾物のありふれた餅に
のせてたべたのですが.ふふふ.落ちるほど旨かったですね～。これは
ふつうにあるのではないでしょうか?本気でおいしいので.全国民に味わって
ほしいです。ありすぎて書ききれないくらいありますよ.私の不分は…(笑)
正に.私のための分野です。大得意です。パンの食べ方もすごい
ラインナップですしね。少しでも多くの人に味わってほしいのが尽きあり
ますよ。【スナック菓子めし】も.まあまあやってる人がいて.めずらしくないんで.ポテト
チップスをも砕いて.ごはんにのっけてたべるのです。

味が濃いからおいしいですよねぇ、食感もGoodですしね。サラダにのっけるのは外でもおなじみですが、正かごはんとは…。私はチョコ菓子をのっけてたべちゃいますけどね。(笑)バイアスをとっぱらうことこそが、新世界への、ハッピーロードと実感しました。少しおは、"しみチョココーン"をごはんにのせて箸でつまみながらパクパクたべましたが、想像を越えるおいしさですから、おどろきました。納豆にチョコレートや、ピーナツクリームやジャムかけてたべる人もいるし、マンゴー缶、桃缶、パイン缶、みかん缶、アロエ缶、洋梨缶、フルーツみつ豆、リンゴ缶が出ているのですが、ごはんにかけてたべる人が多いですしね。パインもマンゴーも、リンゴも抜群に旨いです。ポイントは、冷たいごはんに、シロップいっぱいの缶詰を、(麦めしだから合うのかもしれません)これがポイントです。他にも、レトルトのサバミソをごはんにのっけて、豆乳か牛乳を、好み量かけて、MILKYにしてたべるのも、中々おいしいですし。牛丼、カルビ丼にかけてもおいしいですよ。少〜しかける方が味が活きて旨いです。〔メンチカツに、マーマレードジャム〕をかけたら、とても合っておいしかったですし…(笑)(カレーにジャム)は隠し味であるから、おかしくないです。肉に、フルーツソース感覚です。九州では、〔ポテトサラダに砂糖〕をまぜるらしいし、更に揚げて天ぷらにするとか…。とにかく未知なる世界の多いことにおどろきますね。今は宮城は餅が全く出なくなったので、年配者ばかりでのどづまりするとのこと…。私には不備ですが、死なれるのは困りますから、朝食にきなこが出るのですが、私はごはんまぜてから、レンゲの裏に水をつけながら、ごはんをつぶして餅にしてたべてます。水たっぷりつけて何度もペタペタつぶすと、立派な、きなこもちです♪

餅好きの人には、おすすめです。只、少々面倒です。しかし手間を加味しても十分プラスなおいしさと、もっちもっち食感に、朝から口福になることは約束します。きなこ以外の時の普段のおかずの時に、"モチめし"を作っておかずとたべると、これがまた絶妙に旨いのです。しかもよ〜くかむし、中々ごはんがなくならなくて、食べ応え十分すぎます。しかも好みの食感に整えれるので、自由自在ですしね。水たっぷりつけすぎ!?くらいのビッチャビチャにすると、つきたての餅風ですし。とことん、つぶしちゃうのです。沢山ありますけど、先ずは、〔納豆きなこめし〕と、〔栗きんとん餅〕を、そうそう、〔芋きんとん餅〕も、おいしいですヨ。この辺を味わってほしいです。決して、おかしくないですから。

そうそう、宮城の、(カレーうどん)、(カレーら〜めん)、(芋煮カレーうどん)、(麻婆ら〜めん)、(みそら〜めん)は、本当に味が良くておいしいです。つい最近では、(わかめうどん)が出始めたのですが、(天かす)がついちゃってて、最高にしあわせです。私は天かすをごはんにのっけて、(天かすめし)にしてたべてますが、(ザックザク食感)が、食感フリークの身には口福です。ソースや青のり、マヨがあったら、マチガイないです。

最後にまじめなこといっちゃいますが、おいしい食事を味わえることが、どれほどしあわせか、決して当たり前ではないことを考えるだけでも、心からおいしく感じられるし、感謝の意が目芽えますよ。作り手、準備してくれる方々がいてこそです。本当に、本当に、ありがとうと伝えたいです。おいしいは、人の心を豊かにします。"本"っと、一緒ですね。

【特別寄稿】自由にはなったけど……

チー坊

施設を出るときについた職員さんは、所内ではどちらかといえば受刑者に対して意地悪く厳しい人だったのですが、その人が私が刑務所を出るときになったら、いきなり敬語で、しかも「さん」づけの話し方に変わっていたのがとても気持ち悪く、また、これが立場が変わるということかと思いました。

外に出た途端、それまでとても無機質だった風景の色彩が急に鮮やかになり、驚きました。

釈放前は外に出たら食べたいものを色々考えていました。ステーキが食いたいとか、すき焼きが食いたいとかありましたが、何が一番食いたかったかというとマクドナルドなどのファーストフードです。特にマクドのビッグマックはすごく食べたかったです。

でも、いざ出てみるとフワフワと胸がいっぱいで、空腹も忘れ、楽しくて、一日中歩き回っていました。おかげで20年前に入所した時に預けたほとんど新品だった靴がすぐに履き潰れてしまいました。

少し落ち着いたころ、受刑中にお世話になっていた「ほんにかえるプロジェクト」の汪さんとSさんに御礼の電話をしました。するとと、「かえる」の活動に誘ってくださったのです。とはいえ、これまで人のために働いたこともなければ、ボランティア活動に参加したこともありません。自分にできるのか、他のボランティアの方々が不快に思わないかと不安でしたが、いざ参加してみると、みなさん普通に接してくださいました。

社会に出て感じたのは、法務省は、よくこんな世間知らずの状態で長期受刑者を外に出すなぁということです。出所後の社会の常識も、金銭的な感覚（目の前のものが高いのか安いのか）も、20年前とはすっかり変わっていて、さっぱり分かりません。釈放前には形ばかりの「教育」がありますが、一日中テレビ画面を見るだけ。その時間を使って今の社会のことを少しでも教えてくれたら良かったのになと思います。

出てすぐにスマホを契約しました。パクられる前の記録が凍結されていて、刑務所の近くのドコモショップでは未払金の支払いができず、ダメ元で駅前のドコモショップに行ってみると、店員の人が頑張って凍結を解除してくれ、なんとか契約することができました。社会復帰して感じたのは、スマホがなければとても困るということです。

役所等の手続きの多さにも苦戦しました。ひとつの役所で出所後の必要な手続きをすべて教えてくれたら助かるのですが、そういうわけにもいかないようです。「どんな手続きが必要かくらい分かるやろ！」と口から出かかった文句を飲み込み、「あっ、そうですか」と答えたときには、成長した自分を誉めたいと思いました。

出所後2週間ほどは地に足がつかずビジネスホテルに泊まっていましたが、家を借りなければと思い、生活保護の申請をしました。はじめて知ったのですが、生活保護は生活拠点がその地になければ受けることができません。だからまず寝泊まりする場所を確保する必要があります。自治体によっては緊急用のアパートに1〜2カ月ほど入らせてくれるところもあるようですが、自分のいたK市には残念ながらそれがなく、NPO法人の運営する施設を紹介されました。家賃5万7千円、食事は3食付いて月3万円ほど。

食事は刑務所よりはましですし、おかわりもできます。でもそのNPO法人の施設で食事を作っているのは懲役上がりの人でした。ですので、メニューは懲役のときと大体一緒です。ただし、味付けがしっかりしているので大概のものはおいしかったです。刑務所とは違って冷凍物の魚ではなく、また温めて終わりのメニューもなかったですし、特に丼物や麺類はバリエーションも多く満足でした。ただ時間が決められており、それに遅れると食べられません。朝は6時前、夜は5時ごろと刑務所並みです。

家賃と食費に光熱費などを支払うと手元に残るのは月2万円くらいで、十分な貯金がなければ苦しいです。

20年振りに社会復帰して困ったことは他にも色々とありますが、まず戸惑ったのが人の流れです。施設では歩く場所、方向、流れ、すべて決まっていたので気づかなかったのですが、いざ外に出てみるとみんな歩く速度や方向などさまざまで、うまく流れに乗れません。人混みが苦手になりました。先日、新宿に行く用事があったので、この機会に歌舞伎町というところを見てみようと思い、行ってみました。昼間にもかかわらず凄い人で、すぐに気分が悪くなり、来るんじゃなかったと後悔しながらフラフラになって帰りました。人に酔うのです。

受刑中は文句ばかり言っていましたが、衣食住が保証されているのって、とてもありがたいことでした。社会に出てそれらを確保するのはひと苦労です。夜、保護寮の屋上から周囲のビルやマンションの明かりの灯った窓を眺めていると、みなさん地道に朝夕働き、コツコツと生活を築いてこられたんだろうなと思います。比べて自分は何をしてきたのか、そしてこれから何をしていけばいいのか、頭は堂々巡りです。焦っても仕方ないのは見えていますが、やはり心はザワザワします。

自分は今、昔の先輩の誘いで建設関係の仕事に就いています。朝は早くて夜は遅い。解体に行ったり道路を作ったり舗装をしたり、面白くてやり甲斐はあるけどブラックな業界です。

社会での自由は、それを維持するための代償が多いし、大きな責任もついてまわります。そもそも自由ってなんだろう、とよく考えてしまいます。

反省は一人でもできるが、更生は一人ではできない

～「ほんにかえるプロジェクト」および「プリズンライターズ」について

「更生に必要なのは、社会との和解」

これが当プロジェクトを立ち上げた、受刑経験者である汪楠の理念です。

２０１５年9月30日の設立以来、各地の受刑者会員に書籍を送る支援活動を続けています。その目的は、受刑者の更生を支援すること。現在は全国30カ所の刑務所にいる、２００名ほどの受刑者を会員としています（入会を待つ希望者はさらに多くいますが、ボランティアによる運営ですので、慢性的な人手不足という問題がついてまわります）。

読書を通じ人生を考え直すきっかけを見つけてほしいという願いを込めて、これまで1万冊以上の本を各地の会員たちに提供してきました。また、文通によって個々の受刑者と社会との接点を維持することで、その日常がいくらかでも風通しの良いものになり、更生への意欲を高めてほしいという願いが私たちの活動を支えています。

「反省は一人でもできるが、更生は一人ではできない」という有名な言葉があります。

更生する自信を持てず、またそのきっかけにも乏しいのが、多くの受刑者にとっての現実です。「私たちがここにいる」、「あなたのことを案じている」というメッセージが伝われば、それが一助になるという信念のもと、受刑者の抱える孤立感や疎外感が少しでも和らぐように

努めています。受刑者のなかには生育過程で、あるいはその後の社会生活で、大きな傷を負いながら生きてきた人々が多くいます。自分の過去と対峙し、これからの生き方を模索しなければなりません。自らの心情について綴り、それを他者と共有するという行為は、更生を目指す上で大きな力となるはずです。

そこで私たちは「プリズンライターズ」という取り組みもおこなっています。受刑者会員による寄稿をウェブサイトで公開することで、理解や関心を社会一般に促し、共に考えるきっかけにしたいのです（米国の「Prison Writers」を参考にした取り組みですが、日米における刑務所のあり方には大きく異なる部分もあるため、内容は日本独自のものとなっています）。

本書の冒頭でも述べたとおり、受刑者の多くが自らの過ちを悔い、更生を望みながら大きな不安と迷いを抱えています。私たちの活動は、そのような彼ら／彼女らの社会復帰を支援することを旨としています。

「刑罰は人道的で更生に資するものであれ」と、イタリアの憲法は定めているそうです。日本の刑事施設もいつかそのような考えに基づいて運営される日が訪れることを期待しながら、私たちは本を送り、文通を続け、また「プリズンライターズ」の運営をしています。

現在の私たちの活動は、行政による補助や助成金を受けたものではなく、理解を示してくださる方々からの寄付やボランティアによって成り立っています。

ほんにかえるプロジェクト

「あとがき」に代えて
『刑務所ごはん』インタビュー

——今回は日本各地の刑務所にいる「ほんにかえるプロジェクト」の受刑者会員の方々を対象に、食事に関する調査をおこないました。手紙や回答が山ほど届きましたが、庄子さん（プロジェクトスタッフ・庄子佳代子）はその窓口として大活躍でした。山のような手紙やアンケートの整理など、本当に大変だったと思います。やっぱり「食」がテーマということもあって、熱のこもった内容のものが多かったですね。

庄子：食べ物に関していえば、とにかく刑務所を出る前は「食べたい、食べたい」でいっぱいなんだけど、出ちゃうと案外食べられないんですよね。出たあと体の具合が悪くなってしまうようなことも多いみたいで。あれ〝拘禁症状〟っていうんでしょ？ 最近も、2週間ほど前に出所した人がいて、その日に電話をくれることになっていたんだけど電話がなくて……。それが昨日やっと電話がきて、「ずっと具合が悪くてそれどころじゃなかった」って。眠れないし、イライラするし、吐き気もしていて、そんな状態だったって言って。その人は出る前にブレスレットやらネックレスやら買いたいからって検索を頼んできてて、そんなの出所するときにジャラジャラつけて出るのバカみたいじゃないですか。だから無視してたんです。それで怒ってるんだろうと思ってたら、「あれは中にいたときのことで、今は欲しくもありません」って。まるで憑き物が落ちたみたいに。出たばかりのときって、皆さんそんな状態で、美味しい物を食べるどころじゃないんですよね。

——刑務所の中だと、いろいろと想像ばかりが膨らんでしまうんですかね。

そう、中にいるときには「あれ食べたい、これ食べたい」って。人によって違うみたいですけど。出てから何日も、あちこち歩き回ってた人もいました。みんな、自律神経が乱れちゃうんですよね。だから、汪さんなんかはツムラの〝加味逍遥散《かみしょうようさん》〟を飲めって、よく勧めてましたよ。更年期障害の薬みたいで、自律神経を整える作用があるとかで。拘禁症状にも効くかどうかは、私には分からないんですけど(笑)。

「菓子パンが食べたいから山崎製パンのカタログを送ってほしい」なんて言ってきてた人でも、出てきたときに「ヤマザキに寄ろうか?」って言ったら、「いや、食いたくないです」とか掌を返したみたいに(笑)。

――出所の迎えに行くんですか?

直接迎えに行くことはないですし、いつもじゃないいんですけど、その人のときは江戸川区の「船堀」の駅まで行ってね。船堀の駅って(パン屋の)神戸屋があるんですよ。そこで美味しいパンでも買おうかって言ったら「いらない」って。じゃあやっぱりヤマザキがいいの?って訊いたら、「結構です」とか言って。なんか、出ると嘘みたいにすっかり食べたくなくなるんだそうです。

――その人、何年くらい入ってた方なんですか?

8年くらいかな。でも5年の人とかでもおんなじです。だから、20年とかだったらどんな状態なんだろうって思うけど。

昨日電話してきた人は9年でした。出所前の手紙には「出たら〇〇駅のナントカっていうパン屋に行きましょう」とかさんざん書いてきてたのに、いざそうなったら「パンはいいっす」とか言ってて(笑)。不思議ですよね。

とにかく、刑務所の中では食べ物のこととか、頭の中でいろいろと夢想するんでしょうね。

――そういえば以前、汪さんが、この本は受刑者が誰よりも喜ぶだろうって言ってました。

すっごく読みたがってますよ。「とにかく出版される前にタイトルだけでも教えてください」なんて言ってきた人もいますし。正確には分かりませんけど、受刑者って全国で4万人もいるっていうから、4万冊くらい買ってもらえたらいいんだけど(笑)。私たちの会員の200人じゃとても足りないですもんね。

――無期懲役の人ってどれくらいで仮釈放になることが多いんですか?

ぜんぜん分からないんですよ。今は有期刑の最高が30年なので、だから仮釈放のラインもそれくらいじゃないかって言う人もいますけど、でもそれで出てこられるとは限らないから、やっぱりまったく分かりません。40年も50年もいて、獄死する人もいるし。

２０００年頃までは15年から20年くらい経てば仮釈放の可能性があるというような時代が長く続いたんですよ。それがじわじわ延びていって、今では30年なんて早いくらいです（※２００７年以降は仮釈放者の平均在所期間が30年を超えている）。

――２０２２年は単年で見ると、なんと平均で45年を超えたみたいですね。また特に00年代に入ってからは、仮出所者の人数がとても少ない印象です（※00〜22年の平均は10名／年を下回る）。

国によって違うみたいですけど、カナダでは「第一級殺人については25年を最低服役期間とした仮釈放のある終身刑が科される」というように、終身刑であっても一応の明確な線引きがなされています。更生に向けたモチベーションにつながりますよね。

そのカナダで6件の殺人を犯した人がいて、それぞれの罪に対して終身刑を受けていた。それで最初の25年が終わったときに、まだ2人目以降が残ってるからその分を加算すべきだっていう主張が、裁判のなかで出されたんです。ところが最高裁は、最低服役期間を25年以上に延ばすことは人権的にあってはならないという判断を下した。それまでカナダの刑法では、場合によっては最低服役期間を延長できることになっていたんですが、その刑法自体が違憲という最高裁判決が出たんです。「監獄人権センター」の方に言わせると、たぶん世界中の終身刑がある国に重要な示唆を与える判決だろうって。日本でも、何か新しい動きが起きたらいいなと思いますけど。

――最高裁の判断は重いですね。

日本もいっそ30年とか、はっきりと線を引いてしまえば中の人にも目標ができると思うんです。

日本では「審査」とか「仮面接」っていうのがあるんですよ。ただ、それがいつになるのかが分からない。だから仮面接になる人たちって、「もう近いのかな」って、心のどこかで期待するわけです。それで、出所後の保護会も決まりましたとか、就職先も決まりましたってなっていくと、もういよいよ出られるのかなって考えますよね。そんな手紙を受け取ると、私たちだってそう思うじゃないですか。ところが、それからが延々と長いことがあるんです。だから、なんでそんな思わせぶりなことするのかなって。精神的に良くないですよね。

――仮面接っていうのは、仮釈放を前提としてた面接ではないんですか？

そのための制度のはずですよ。だから、無期の人は仮面接があるとなると、ついに出所が近いのかなって、どうしたって思うわけです。その後に「本面接」っていうのがあって、そこまで行けばほとんど決まるんですけど。

獄中で30年が過ぎて仮面接となった人なんて、それこそ「いよいよか」って思うんですよ。「(出所後に着る)服のカタログを送ってください」なんて頼んでくる人もいます。汪さんと一緒に岐阜にいた人なんかは、汪さんが入った頃に仮面接があって、もう出られると思って、「じゃあ、もうすぐ俺は出ることになるけど兄ちゃんは頑張ってな」なんて言ってたんですって。だけど結局、その人は汪さんが出てもまだ中にいて、結局汪さんよりも後に出たんです。つまり、仮面接をしてから14年も出られなかったっていうことですよね(※汪楠が2000年に逮捕、その後収監された当時に遡るエピソード)。

なんか、そういうのってちょっと、人道的にどうなんだろうって。

――会員のなかで無期懲役の人の割合ってかなり高いですよね?

高いですね。無期の人って受刑者のなかで1700人とかって言われてますけど、そのうち100人くらいは私たちの会員なんじゃないかしら。プロジェクトの発足当初、汪さんは、無期の人を特に選んで会員にしていたんです。もし獄死なんてことになったら四人として葬られるわけじゃないですか。出棺するとき、お棺に手錠を載せられるんだけど、汪さんはそれがすごく嫌だって言って。だから無期の人を支援したいって(※00~22年では平均19名/年の無期刑受刑者が獄死しており増加傾向にある。22年は41名)。

――会員となっている受刑者の年齢の分布ってありますか?

統計をとっているわけじゃないんですけど、たぶん50代、60代が多いかな。あんまり年取った人は少ないんです。もう本なんか読みたくないのかも。でも、70代もいますし80代もひとりいます。85歳の岐阜の人。その人から「苦情の申出書を作ったから、それを5部コピーして返送してほしい」って言われて、さっきポストに入れてきたんですけど。

岐阜刑務所では、朝、工場に行ったとき担当職員に対しての「おはようございます」と終業時の挨拶しかしてはいけないって決まったんですって。グラウンドとか講堂とか食堂での、収容者同士の挨拶が禁止になったって。それに対して、そんなことまで束縛しないでほしいっていう内容の申出書を刑務所長に提出するんだって書いてましたけど。

刑務所側の訓示の内容を読むと、挨拶によって力関係ができてしまうから禁止にするんだって。収容者同士が上下関係のない平等な人間関係を築くため、だそうですけど。でも挨拶を禁止したところで上下関係なんてなくならないじゃないですか。それよりね、上位にいる人を刑務官が優遇するらしいんですけど、それこそ改めた方がいいですよね。なんか〝組の幹部〟みたいな人に、中のコントロールをやらせるんですよ。そしたら楽でしょ？だから上下関係をうまく利用しているんですよね。それこそ止めればいいのに、挨拶なんかでどうにかしようって、まったくおかしいなって私なんかは思いますけど。

――大阪はそういう幹部みたいな人が多いから、それで朝はパンとコーヒーが出るんだなんていうコメントもどこかにあった気がします。手紙には噂や憶測なんかもたくさん書かれていますよね。

まことしやかにいろんな話が飛び交うみたいで、噂はとても多いんです。集団食中毒があったりしても情報がきちんと公にされないことも多くて、そういうのもいろんな憶測を呼ぶんしょうね。食中毒についての手紙が載った〈かえるのうた〉（※「ほんにかえるプロジェクト」が発行している会報誌）を証拠として裁判所に出したいとか、そんなことを書いてきた人もいて、びっくりしました。私たちは、届いた手紙をただ載せていただけなので。

――集団食中毒について書かれた手紙も確かにありました。そういうことが起きると炊場の作業が止まるから、外からの仕出しのお弁当だったり、レトルト食品が増えたりして嬉しいというコメントもいくつもありました。

そうそう。それで手紙にあったビスケットとおなじものがたまたま売られていたので買ってみて、食べたらぜんぜん美味しくなくて、ああ、こんなのでも喜んじゃうんだって思いました。でもやっぱり、外の味は嬉しいみたいですね。

――刑務所の食事を作っているのは基本的に、料理のアマチュアの受刑者たちですよね。プロの料理人上がりの人が炊場でうまくいかずにやめていったというような話もありましたね。

外で料理人だった人が炊場に入ったけど、作業にうるさく口を出すので結局うまくいかなくなって、それで1

カ月で炊場をやめたっていう話がありました。でも反対に、どこかのホテルの料理長だった人なんかは炊場で尊敬されていたようで、その人の言うとおりに料理を作ったら、クオリティが劇的に向上したっていうような話もあります。

――やっぱり人それぞれってことですよね。

あと、味ということでいうと、たとえば職業訓練でよその刑務所に行った人は「すっごく美味しい」って言うんです。つまり、味が変わるだけで美味しく感じるんですね。横浜の人が訓練で宮城に行ったら、宮城の人たちは「ここは味が薄くて最悪」とか言ってるのに、「宮城は横浜とは違って、ものすごく美味しい」なんて言うんです。自分のいるところが最悪だって思ってる人も多いし、結局ずっとおなじ物を食べているから嫌になっていくんですよね。私だって自分の作ったものだけを食べ続けていたら嫌になりますよ。誰かの作ったものが食べたくなります。だから、そんな感じなのかなと思ってますけど。

――味の不満については、なんといっても「減塩」です。

そうなんです。でも今の医学でいえば、たとえば高血圧には減塩がいいっていう確固たるエビデンスがあるんですよ。だからって、美味しくないのは困りますよね。いくら体に良くっても。

――刑務所のごはんって、麦飯の量が多いじゃないですか。手紙には「おかずの味が無さすぎて、ごはん全部を食べきれない」というものもありました。

そう。だからけっこう残飯が多いなんて書いてきている手紙もありましたよね。もちろん、量が足りないっていうのもたくさんありますけど。

――今回、試食してもらった元受刑者のひとりは旭川にいたことのある人でしたけど、やっぱり、味が薄くてごはんを食べきれなかったって言ってました。

でも旭川はパンが美味しいっていう手紙もありましたよ。

――熊本のパンは近くの「障害者施設で作ってくれているらしい」という手紙もあって、もちもちで小麦の甘さも感じられて美味しいなんて書いてきた人もいました。

そんなパン、他の刑務所の人たちにも食べさせてあげたいですよね。よそでは、コチコチで釘が打てるほど固いなんていう施設もありましたけど。

――そのあたりの表現って、もしかして大袈裟に言ってるのかなと思ったりしながら読んでましたが……、実際どうなんでしょうね。「このおかずなら麦飯5杯はイケます!」とか、明らかに誇張しているコメントもあるじゃないですか。そもそもお代わりできないですし。楽しませてくれようとしてるんだなって思いましたが。

今回、食べ物についてアンケートしたものだから、その流れが止まらなくなっちゃってるんですよ。なんか手紙が来るたび食べ物のことが書かれてたりして(笑)。昨日も、「お汁粉のなかにパンを浸して、それをレンゲで食べる人もいるけど、箸で食べるといかにも餅のように感じられる」なんて、それが本当にたまらないっていうような手紙が届いたりして。

なにか書こうかなって思っても、内容が思い浮かばないことってありますよね。食べ物の話は喜ばれるって思ったんじゃないしら。

――この本が出たら、もっと食べ物に関する手紙が増えちゃうかもしれませんね。

それはそれでいいんですけどね(笑)。実はいまだに毎日のメニューを書き溜めてくれている人もいて、もう本に掲載するレシピは決まったから結構ですって、返事を書いたところです。メニューを控えるのが癖になっちゃったのかもしれない。

――本の件があろうとなかろうと、メニューを個人的に控えている人は多いという話もありましたよね。

あ、そうそう。それはあるみたいです。

――ところで、メニューから牛肉が消えたという証言がいくつもありました。

肉はひどいって言いますね。あと全体的に、栄養は足りてないと思います。受刑者の人が開示請求したカロリー表がついた献立みたいなのもありましたよね。あれだけ見ると栄養が足りているように思えますけど、でも皆さん、まず痩せて出てきます。しかも、霜焼けなんかが多い。あれはビタミン不足なんですよね。だから、岐阜では一昨年から、冬にビタミン剤を飲ませてるっていう話もありました。たぶん霜焼け予防だと思いますけど、それくらい不足しているんだと思います。

――「トランプの札を配れば鮮やかな血の音聞こゆババ抜きなれど」なんて情景を詠んだ短歌も〈プリズンライターズ〉にありましたよね。これ霜焼けなんだろうなと想像しながら読み

ました。刑務所によって事情がちょっとずつ異なるみたいですが……。

そうそう。〈プリズンライターズ〉も冊子にして会員に配っているんですよ。そうすると、みんな「自分のところが最低だ！」と思っていたのに、もっとひどいところがあるのかって衝撃を受けるみたいで（笑）。だから、そういう意味では良かったのかなと思ってます。よその事情が分かってね。〈かえるのうた〉だけだとそこまでの情報量がないんですけど〈プリズンライターズ〉だと、互いによその刑務所のことが分かりますよね。刑務所によってかなり違うんですよ。累犯の多い刑務所には、やっぱり癖の強い人が多いですし。

――手紙は宮城と千葉が多かったですけど、なんでですか？

会員に、宮城と千葉が圧倒的に多いんです。内部で話がバーっと広まったりしたんでしょうか。横浜とかも多いですけど、出所した人が何人かいて、ちょっと減ったかな。全部で30くらいの施設に会員がいます。

――プロジェクトでは、本を送る以外の活動もされていますよね。外にいるお母さんの誕生日に贈り物をしたいから、代理で購入して送ってほしいとか、そういう話もありました。

ときどきありますよ。お母さんにお惣菜のセットを贈りたいから手伝ってほしいって頼まれて、それで送ったんですけど住所不定で戻されてきちゃったり、あと居場所が分かって手紙を出しても返事がなくて、もう、縁を切られちゃったのかなぁって、なんだかかわいそうでしたよ。

――無期の人？

そうです。

――そういうときの代金や送料って、どうやって支払われるんですか？

入る前からのお金を持っている人もいますし、差し入れのお金なんかがある人もいますよね。あとここ数年の話だと給付金。あのときは私たちの仕事が本当に忙しくなっちゃって（笑）。

――給付金て、コロナの？

そうそう。10万円の、ありましたよね。お金をほとんど持っていないような人もいるし、報奨金だとひと月働いて良くて4千円みたいな環境じゃないですか。それがあのときは大きなお金が入って。これで高い本が買えるって、全額送ってくるような人もいましたよ。本当に大騒ぎでした（笑）。

［ライター］　田内万里夫
［料　　理］　田内しょうこ
［写　　真］　名和真紀子
［デザイン］　千葉健太郎

［協　　力］　庄子佳代子
チー坊
塩田祐子（NPO法人 監獄人権センター）
クマ（刑務所ラジオパーソナリティ）
神里純平
ギンティ小林
［食器提供］　三信化工株式会社

刑務所ごはん

2024年11月14日　初版第1刷発行

著　者　汪楠、ほんにかえるプロジェクト

発行者　河村季里
発行所　株式会社K&Bパブリッシャーズ
〒101-0054　東京都千代田区神田錦町2-7戸田ビル3F
電話：03-3294-2771　FAX：03-3294-2772

印刷・製本　株式会社シナノパブリッシングプレス

落丁本・乱丁本はお取り替えいたします。

ISBN978-4-902800-92-0